KB005839

이렇게 책으로 살고 있습니다

이렇게
책으로
살고 있습니다

이나이즈미 렌 지음
최미혜 옮김

책과
함께하는
사람들의
이야기

I've been living
making books

애플북스

나는 흔히 논픽션 라이터나 논픽션 작가로 불린다. 누군가를 만나서 이야기를 듣거나 사회적으로 이슈가 된 사건 현장에 찾아가 인터뷰를 하고 원고를 쓰는 것이 내 주된 일이다. 취재 대상은 출판사 편집자가 제안하는 경우도 있고 혼자 오랫동안 고민하던 주제일 때도 있지만 기본적으로 하는 일은 똑같다.

이 일을 하면서 책을 만들기 위해서 들이는 시간은 늘 특별하다고 느껴왔다. 취재를 하고 원고를 쓴다. 원고 내용에 대해 편집자와 여러 번 의견교환을 하고 반복해서 수정한다. 원고가 마무리되고 교정쇄(단행본 같은 형태로 조판한 프린트물)가 나오면 빨간 펜으로 세세하게 교정하는 과정이 기다리고 있다. 드디어 모든 작업을 끝내고 교정쇄를 내려놓는다. 얼마 후 인쇄가 끝난 새 책 한 권이 내 손에 들리면 오랜 시간 정성을 들인 만큼 성취감을 느낀다.

그러나 생각해보면 제품으로서의 책이 만들어지는 과정에서 저자가 관여하는 건 전체 중 극히 일부에 지나지 않는다. 초교나 재교라고 불리는 문장을 손질하는 과정이 끝나면 일단 작가의 역할은 거의 끝이 난다. 그 후에는 출간일이 다가와 견본이 도착할 때까지 가만히 기다리기만 하면 된다.

말할 필요도 없이 당연한 일이지만 한 권의 책에는 작가와 편집자뿐만 아니라 더 많은 '책을 만드는 사람들'이 관련되어 있다. 하지만 나는 지금까지 내가 쓴 글이 책으로 완성되기까지 어떤 사람들의 수고가 얼마나 있었고 어떤 생각들이 그 책과 함께했는지 사실 거의 모르고 있었다.

그에 대해 뭐라 말할 수 없는 부끄러운 마음이 들기 시작한 건 지금으로부터 5년 전 일 때문이다. 그때 나는 동일본 대지진으로 피해를 본 서점들을 찾아다니며 취재하고 있었다. 해일로 서점이 쓸려 내려가 망가졌는데도 남겨진 주소록에 의지해 책 배달을 하는 서점 주인이 있었기 때문이다(일본은 단행본, 신간, 월간지 등을 무료로 배달해주는 지방 서점이 많다-옮긴이). 서점이 한 곳도 남지 않은 동네에서 다시 서점을 시작하는 사람이 있는가 하면, 원전 사고로 주민 대부분이 떠난 지역에서 서점 영업을 재개한 사람이 있었으며, 물에 잠겨서 부풀어 오른 책이 책꽂이에서 빠지지 않았을 때의 서러움을 눈물을 글썽이며 이야기하는 사람도 있었다.

피해 지역 서점이 어떻게 다시 가게를 일으켜 세웠는지는 그들을 취재해서 쓴 《부흥의 서점》에서 자세히 언급했기 때문에 여기서는 다시 말하지 않겠다. 다만 혹독한 상황에서도 지진 다음날부터 서점을 열어달라는 사람들의 요청에 힘을 얻어 독자들에게 책을 전달하려 한 사람들과의 만남은 잊을 수 없는 묵직함으로 남아 있다. 이후 내 안에서는 확실히 책에 대한 관점이 변화하기 시작했다. 그리고 점점 더 책을 만드는 사람들에 대해 알고 싶어졌다.

서점은 기나긴 책 만들기의 과정을 지나 하나의 작품이 만든 사람들을 떠나 독자에게 전해지는 곳이다. 그건 조금 과장되게 말하면 바위틈에서 흘러나온 물이 작은 샘이 되어 모이고 점차 한 줄기의 강으로 성장하여 바다로 흘러드는 마지막 순간과도 같다. 다시 말해 서점은 광대한 바다와도 같은 독자와 원류부터 흘러내려 와 강물이 된 책이 만나는 기수지역인 것이다. 앞서 말한 도호쿠 지역 서점에서 책과 관련된 사람들의 이야기를 들은 나는 논픽션 작가로서 한 번쯤은 그 강 상류로 거슬러 올라가 그들을 만나고 싶어졌다.

여기, 가방에 넣고 다니기 좋은 적당한 두께의 책이 있다. 한 권의 제품으로서 이 책이 내 손에 오기까지 얼마나 많은 사람들이 관련되었을지 상상해본다. 원고의 잘못을 바로잡는 교열자, 표지나 본문을 디자인하는 북디자이너, 디자이너가 선택한 서체를 만드는 사람, 다양한 재질의 종이를 만드는 제조공장의 기술자와 다양한 색상을 조율하는 인쇄 기술자, 낱장의 종이를 모아 한 권의 책 형태로 묶는 제본. 번역서라면 해외 작품을 일본으로 들여오는 에이전트와 번역자 또한 필요하다.

그들이 하는 일은 한 권의 책과 책의 세계를 구성하는 데 없어서는 안 되지만 평상시에는 별로 표면에 드러나지 않기도 한다. 그러므로 매일 책과 관련된 일을 하는 한 사람으로서 그 일을, 그리고 책을 만드는 일에 담겨 있는 그들의 생각을 전달하는 것은 어쩌면 내 의무가 아닐까 싶다. 그곳에서는 책을 둘러싼 풍경이 어떻게 펼쳐져 있을까? 잊혀지고 있는 세계를 향한 동경이 있다. 자기 일에 대한 자부심이 있다. 그것들을 그들의 말로 들려줄 때 한 권의 책을 대하는 관점은 어떻게 변화할까?

이 책은 그런 생각을 가슴에 품고 책을 만드는 사람들에게 들은 이야기를 담은 소소한 기록이다.

이나이즈미 렌

차례

제8장

**종이를
책으로 묶는
기술, 제본**

제1장

작가의 글쓰기

"그때 '그래, 이 나라에서 살아가야 해' 하고 생각했어요.
그리고 몇십 년이 지나서 그 마음과 장면이
《마녀 배달부 키키》에 그대로 쓰였죠."

내가 동화나 그림책을 쓸 때 가장 중요하게 생각하는 건 먼저 나 스스로가 즐겁다고 생각하는 걸 쓰는가입니다. 아이를 위해서 쓴다든가, 네 살 아이나 열 살 아이는 이 정도여야 한다든가 그런 건 생각하지 않습니다. 작가가 즐거운 마음으로 쓰고 있다면 분명 그 마음이 어린 독자들에게도 전해진다고 믿고 있기 때문입니다.

아이는 가장 정직한 독자기 때문에 아이들이 재미있어하면 분명 어른들도 재미있게 읽죠. 하지만 반대로 어른이 재미있다고 생각하는 것이 어린 독자에게도 환영받는다고는 할 수 없어요. 하지만 아이가 읽는 책은 어른이 쓰는걸요. 그게 재미있으면서도 어려운 점입니다.

어른이나 부모는 아이가 책에서 많은 걸 배우기를 바랍니다. 그래서 "뭔가 도움이 되는 책을 읽어라" 하며 아무래도 강요하기 마련이죠. 읽은 후에 "어땠어?" 하고 감상을 묻는 것도 그런 이유 때문입니다. 아이가 그런 요구를 민감하게 여기고 한 번이라도 '책

읽는 게 귀찮아'라는 생각을 해버리면 그다음부터는 책을 읽으려 하지 않게 됩니다.

어른들은 아이의 책에서 효율 같은 걸 바라곤 하죠. 하지만 어린 독자들은 억지로 읽으려 하지 않아요. 여러분 어렸을 때를 떠올려보면 재미없는 건 재미없는 것이니까요. 그렇게 느끼고 나면 억지로 읽고 싶지 않았을 겁니다. 옆에 두고 본체만체하거나 말이죠.

그런 독자를 대상으로 글을 쓰기 때문에 작가는 진지할 수밖에 없습니다. 조금이라도 '이 정도면 괜찮겠지'라고 생각하면 분명 거절당하기 마련이거든요. 그래서 즐거움도 그만큼 큰 비중을 차지하죠. 쓰는 사람도 아이처럼 두근거리며 써야 하거든요. 작가는 어른이기 때문에 그런 마음을 가지는 게 어렵지만 말입니다.

그런 의미에서 아이의 책은 궁극의 책이라 할 수 있어요.

작가의 내면의 기록

그녀의 집은 가나가와현의 가마쿠라 역에서 걸어서 10분, 골목길을 한참 들어간 조용한 주택가에 있다. 정성껏 가꾼 갖가지

꽃이 언제나 피어 있을법한 작은 마당도 있었다. 약속 시간에 인터폰을 누르니 가도노 에이코(角野榮子) 씨는 문을 열며 "어서 와요, 들어오세요" 하며 조금 장난스러운 미소를 지었다.

한눈에도 멋진 작가라는 생각이 들었다. 아름답고 단정한 은발에 쉽게 소화할 수 없는 북유럽풍 빨간 옷을 입고 렌즈에 연한 녹색 빛이 도는 안경을 끼고 있었다. 그 모습은 마치 그녀 자신이 그린 동화 속 등장인물 같았다.

창으로 빛이 쏟아져 들어오는 2층 방에 앉아서 그녀는 아이들이 재미있어하며 읽는 책이 공통적으로 갖추어야 할 조건들에 대해 조곤조곤 얘기해주었다. 사소한 말 한마디 한마디가 심지가 곧아 보이는 그녀를 대변해주는 듯했다. 40년 동안 동화를 써온 한 작가의 내면에 담긴 확신 같은 것이라고나 할까?

나만의 책이 생기다

책을 만드는 사람들을 주제로 한 이번 취재에서 아이들을 위한 책을 만드는 사람에 대해 써야겠다고 생각했을 때 이전에 잡지 기사를 쓰기 위해 취재했던 그녀의 얼굴이 떠올랐다. 나에게는 다섯 살과 두 살 난 딸이 있는데 두 아이 모두 그녀가 쓴 그림책과 동화를 아주 좋아하기 때문이기도 했다.

작은 입체그림책 《함께 놀아요》, 초 신타(長新太)의 익살스러운 그림으로 예상외의 이야기가 펼쳐지는 《샐러드로 건강해져》, 그리고 그녀의 대표작 중 하나인 앗치, 곳치, 숏치(저쪽, 이쪽, 그쪽을 뜻함-옮긴이)가 주인공인 작은 도깨비 시리즈 등이 있다.

히라가나를 조금 읽을 수 있게 된 큰아이는 언제부터인가 잠자리에 들 시간이 되면 앗치 시리즈의 첫 권 《스파게티를 먹고 싶어》를 끌어안고 혼자서 책을 읽곤 한다. 아직 빨리 읽지 못하기 때문에 기껏해야 하루에 두세 페이지 읽는 게 전부다. 전날 읽었던 페이지를 찾느라 애를 쓰는 걸 보고 색종이를 잘라서 책갈피를 만들어주었다. 그러자 그걸 책 사이에 끼워서 덮고 머리맡에 두고 잠이 들곤 한다.

어느 날 드디어 마지막 페이지까지 읽게 되었을 때 아이는 판권에 쓰인 시리즈 제목을 보더니 "다음번엔 《카레라이스는 무서워》를 읽을래" 하고 말했다. 내 책꽂이에 순서대로 놓인 《마녀 배달부 키키》를 재빨리 훑어보고는 언젠가는 그 책을 혼자 읽어

보고 싶다고도 생각하는 것 같았다.

부모로서 그런 모습을 보고 있으면 아이가 이렇게 나만의 책을 만나게 되는구나 하는 생각과 함께 작은 감동을 하게 된다. 다 읽은 책을 작은 책꽂이에 정리하며 짓는 표정은 어딘가 자랑스러워하는 듯하기까지 하다. 그 표정을 보며 아이는 원래 '책'이라는 형태를 좋아한다는 걸 실감할 수 있었다.

그런 의미에서 책을 만드는 사람들을 주제로 한 이 책에서 아이를 위한 작품을 쓰는 사람을 제일 먼저 소개하고 싶었다. 아이가 제품으로서의 책을 처음으로 접하는 순간과 그런 제품을 만드는 것과 관련된 일을 하는 작가가 어떤 생각과 가치관을 책에 담고 있는지 알고 싶었기 때문이다.

"오롯이 혼자서 책을 읽는 체험은 우리가 상상하는 것 이상으로 아이에게는 자랑스러운 체험인 거죠."

가도노 씨는 당연하다는 듯이 말했다.

"왜냐하면, 책을 끝까지 읽기 위해서는 참을성이 필요하거든요. 아무리 재미있는 이야기라도 두 페이지 정도 읽지 않으면 재미를 느낄 수 없는 법이니까요. 하지만 일단 책이 재미있다고 생각되면 금방 좋아지고 무엇보다 다음에는 자기가 읽을 책을 스스로 고를 수 있게 되거든요.

자신이 좋아하는 책을 스스로 고르는 행위는 생각하고 혼자서 깨닫고 행동하는 인간으로서의 기본자세 그 자체가 아닐까요? 그러니까 자신이 좋아하는 책을 자신만의 것으로 만드는 기쁨은 아이에겐 정말로 큰 의미가 있는 거예요."

가도노 씨에게는 딸이 한 명 있는데 그 딸이 어느 정도 자랐을 때 이런 일이 있었다고 한다.

책장을 정리하던 때였는데 예전에 딸을 위해서 산 책 한 권 한 권마다 판권 옆에 연필로 구불구불 뭔가가 쓰여 있는 것을 발견한 것이다. 처음엔 그냥 끄적거린 것이려니 생각했다고 한다. 그런데 딸이 글자를 알게 되면서부터는 어떤 형태의 글자가 갖추어지기 시작했다는 것이다.

"순서대로 보다 보니 마지막에 '내 것'이라는 글자가 나오는 거예요. 아아, 수수께끼 같은 글자가 이런 의미였구나 하고 눈이 번쩍 뜨였지요. 우리가 어렸을 땐 책이 나만의 것이 아니었잖아요. 형제 것이거나 친구 것이거나 학교 것이거나 그랬었죠. 그걸 빌려오고 빌려주고 했죠. 그래서 전쟁이 끝나고 얼마 지나지 않아 처음으로 '나만의 책'을 받았을 때 얼마나 기뻤던지요. 딸이 쓴 글자를 보고 그때 기분이 다시 떠올랐어요."

책과 만나는 과정

그녀가 처음으로 '나만의 책'을 가지게 된 건 중학교 2학년 때였다고 한다.

"에이코가 읽기에 딱 좋은 책이 나왔더구나. 인기 있는 책이라기에 사 왔지."

가끔 집에 들르는 삼촌이 건네준 책은 다케야마 미치오(竹山道雄)의 《버마의 하프》였다. 그녀는 그때의 감동 때문인지 당시 책 냄새가 기억난다고 했다. 집 복도에서 큰 소리로 책을 읽은 기억, 그즈음 자신을 에워싸고 있던 분위기 같은 것도 책의 추억에 이끌려 되살아나곤 하는 것이다.

"우리 어렸을 땐 책이 귀해서 모두 활자에 굶주려 있었기 때문에 글자를 읽을 수 있게 되고부터는 이와나미문고였나 뭐였나, 뜻도 모르면서 한자 옆의 히라가나를 더듬어가며 읽곤 했지요. 하지만 요즘 아이들은 산더미 같은 활자와 정보에 배가 잔뜩 불러 있잖아요? 배가 부른 아이에게 이야기가 아름답다고 생각하게 하는 건 참 힘든 일이죠. 부모가 그림책을 읽어주던 아이가 처음으로 혼자 읽으려고 했는데 이야기가 재미없다면 책을 싫어하게 될지도 모르잖아요. 그래서 작가의 책임은 무거운 거예요."

그녀가 강연에서 이런 말을 하면 대개는 엄마들로부터 "우리 애는 책을 아주 좋아해서 매일 밤 책을 여러 권 읽어주고 있어요"라는 말을 듣게 된다고 한다. 아이들이 책을 읽지 않는다는 말은 이미 오래전부터 있던 말이다. 하지만 부모는 예나 지금이나 아이에게 책을 읽어주고 있다.

그러나 "그런 읽기는 단순한 듣기에 지나지 않는 거 아닐까요?" 그녀는 말을 이어갔다. "물론 책을 읽어주는 게 나쁘다는 건 아녜요. 대단히 중요한 일이지만 그것만으로 아이가 스스로 책을 읽게 되지는 않거든요. 누군가가 중간자 역할을 해야 해요. 따라서 아이가 책을 읽기를 바란다면 "엄마, 뭐 읽고 있어?" 하고 묻도록 부모 먼저 책과 친해지는 게 가장 중요해요."

그녀의 말마따나 듣기에서 읽기로 그리고 책을 소유하는 기쁨으로, 책과 만나는 과정에서 동화야말로 대단히 중요한 존재라는 것이다.

"그래서 전 아이들을 소중히 여기는 마음으로 지금까지 계속해서 동화를 써왔어요."

그러면 가도노 씨는 동화 속 이야기를 어떻게 만드는 걸까? 동화를 쓰는 작가의 마음가짐이란 어떤 것일까?

이야기를 만들어가는 법

그녀의 대표작 중 하나인 작은 도깨비 시리즈는 1979년 제1편이 출판된 이후 스테디셀러가 된 동화다.

어느 레스토랑 지붕 밑에 사는 '앗치', 이발소 거울 뒤에 사는 '곳치', 그리고 엿장수 집 계단에 사는 여자아이 '솟치', 이 매력적인 세 도깨비를 주인공으로 한 이야기의 발상은 어느 날 어린 딸이 반복해서 하던 말에서 생겨났다고 한다.

"저쪽으로 가서, 이쪽으로 가서, 그쪽으로 가서 건널목을 건너니 개구리 집이 있었습니다. 개구리는 하얀 집으로 들어가서 하얗게 되었습니다."

디자이너였던 남편이 낡은 컬러차트를 주었더니 딸은 '색깔이 이렇게나 많구나' 하고 생각했나 봐요. 색깔만 바꾸어서 몇 번이고 이야기를 반복하더군요.

"저쪽으로 가서, 이쪽으로 가서, 그쪽으로 가서 건널목을 건너니 개구리 집이 있었습니다. 개구리는 파란 집으로 들어가서 파랗게 되었습니다."

"딸아이가 그 이야기만 너무 많이 해서 좀 귀찮아졌을 정도였어요. 하지만 그게 앗치, 곳치, 솟치라는 도깨비 이름이 됐죠."

가도노 씨는 이야기를 구상할 때 이렇게 주인공을 먼저 정하는 경우가 많다고 했다. 만약 선인장 남자아이를 주인공으로 하려 한다고 하자.

그녀는 이야기를 구상할 때 먼저 하얀 종이에 그림을 그리면서 멍하니 공상에 잠긴다. 속눈썹을 그려보기도 하고 남자아이가 사는 사막의 붉은 모래로 덮인 황야도 그려본다. 그러면 머지않아 조금씩 하나의 세계가 만들어지고 주인공이 그 세계에서 살아 움직이기 시작한다. '이 아이는 외로울까? 친구는 있을까?' 그런 것부터 시작해서 함께 걷듯이 그려나가는 것이다.

이때 중요한 건 공상 속에서 움직이기 시작한 주인공이 마음에 들었다면 그 후에는 결코 마음대로 캐릭터나 성격을 바꾸지 않는 것이다. '주인공은 심술궂은 선인장 남자아이' 이렇게 정하고 나면 이야기가 아무리 막혀도 갑자기 친절한 행동을 하게 하지 않는다. 작가 사정에 따라 캐릭터가 바뀌면 어린 독자들은 금방 알아차리기 때문이다.

"저는 처음에 정한 캐릭터를 최대한 존중해가면서 써 나갑니다. 이야기가 어떻게 전개될지는 쓰고 있는 저도 잘 모르기 때문에 어린 독자들도 이야기가 어떻게 전개될지 모르지요. 아이들은 그런 것에 민감해요. 아이들은 정직하기 때문에 조마조마해 하면서 어떻게 될까? 어떻게 될까? 생각하지요. 쓰고 있는 저 자신도 그렇거든요. 그래서 서로가 그 시간을 공유할 수 있어요. 그 점이 즐거운 거지요" 하고 자신이 이야기를 만들어가는 법에 대해 이야기했다.

가도노 씨는 작가로서의 출발점을 돌아보면서 다음과 같은 수수께끼 같은 말을 했다.

"그럴 때 제가 떠올리는 건 바다 저편에 보이는 수평선이에요."

수평선, 그건 도대체 어떤 의미일까?

가도노 씨에게는 잊혀지지 않는 광경이 있다고 한다.

1960년의 일이다. 그녀는 희망봉을 돌아 브라질로 향하는 배 갑판에 바닷바람을 맞으며 서 있었다. 2년 전 와세다대학 영어 영문학과를 졸업한 그녀는 기노쿠니야 서점 출판부에 근무하다 가 디자이너인 남편과 결혼해 함께 브라질로 향하는 중이었다.

당시 브라질은 브라질리아에 새로운 도시를 건설하기 시작 했고, 국제연맹본부 빌딩을 설계한 오스카르 니에메예르(Oscar Niemeyer)가 많은 건축물을 짓고 있었다. 남편이 그 장대한 프로 젝트에 관심이 많았던 것이다.

외국으로 자유롭게 여행하는 게 제한되어 있던 시절이었다. 하지만 정부가 전쟁 이후 인구 증가에 따른 브라질행 이민을 장 려하고 있었기 때문에 바깥세상에 관심이 많았던 두 사람은 정 부 정책에 따라 기술 이민으로 브라질에 가기로 했던 것이다.

하지만 당시 그녀는 스물다섯. 이민을 가 지구 반대편에서 살 아가겠다고 선택은 했지만 불안하진 않았을까? 내 생각을 물으니 "사실 상당히 홀가분한 마음으로 이민 가기로 결정해버린걸요"

하고 웃었다.

"이민이라고는 해도 그곳에서 계속 살 게 아니라 현지에서 일해서 돈을 모으면 세계여행을 하다가 일본으로 다시 돌아오자고 생각하고 있었거든요. 만약 돈이 모이지 않으면 모일 때까지만 있으면 된다고 말이죠. 게다가 당시에는 외국을 자유롭게 오갈 수 없었기 때문에 정부가 정책적으로 추진하는 이민이라는 선택지는 외국에 가기 위한 가장 쉬운 길이었거든요."

《뭐든 봐주겠어》를 쓴 오다 마코토(小田実)가 풀브라이트 장학금을 받고 미국으로 건너가고, 지휘자인 오자와 세이지(小澤征爾)가 홀로 오토바이와 기타를 들고 화물선을 타고 유럽으로 떠났을 때와 같은 시절의 이야기다. 스물다섯 살의 젊은 그녀도 메이지 시대의 공기를 가슴 가득 들이마시고 살아가는 60년대 젊은이였던 것이다. "어머, 맞아. 난 걱정 같은 거 안 해. 걱정은 일어났을 때 하면 돼. 지금은 선물 포장을 열 때처럼 두근거리거든" 하며《마녀 배달부 키키》의 주인공 키키가 고향을 떠났을 때처럼.

"배를 타고 갈 때 수평선을 바라보는 걸 좋아했어요."

그녀는 말을 이어갔다.

"아득하게 멀리까지 쭉 뻗은 곧은 선을 보고 있노라면 저 너머에는 무엇이 있을까 하고 생각하게 되잖아요? 이제부터 새로운 곳에서 살아갈 거라는 설레는 마음 때문이었는지 그때 본 수평선은 마치 빨려 들어갈 것처럼 느껴졌어요. 지금 생각하면 그것이 작가로서 제 원체험이 된 거죠."

"게다가 책장도 수평선 같은 것이죠" 하고 에둘러 말했다.

이 수평선을 설명하기 위해서 그녀가 예로 든 건 초 신타의 《달밤》이라는 그림책이었다.

《달밤》은 뭐라 말할 수 없이 신비로운 작품이다. 푸르스름하게 검은 달밤, 깊은 숲속에 인적이 끊긴 호수가 있다. 그 근처에서 한 마리의 너구리가 바라보고 있는 건 어두운 수면에 비친 달. 노랗게 빛나는 초승달은 수면에 너울거리다 다리가 되기도 하고 소라게가 되기도 하고 호수에서 양 끝부분을 보석같이 슬쩍 내비치기도 한다.

대부분의 페이지를 같은 구도로 그린 대담함, 정말이지 다음에 뭐가 나올지 예측할 수 없는 자유분방함, 그 신비로운 세계관을 초 신타는 어둠에 묻힌 깊은 푸른색으로 표현했다.

"초 신타는 '아이의 그림을 그리고 싶다. 아이 같은 그림을 그리기 위해서 나는 계속 그리고 있다'라고 말하던 사람입니다. 분명 어른이 되면 모든 게 상식적으로 변해가는 법이지요. 그도 그랬을 겁니다. 하지만 어느 날 어딘가에서 아이처럼 그리고 싶다고 생각했겠지요. 그의 책을 보고 있으면 그는 그걸 위해서 자신을 자유롭게 하려고 굉장히 노력하는 사람일 거라는 느낌이 듭니다. 그래서 그의 작품을 보고 있으면 정말이지 수평선 저 너머에서 생각지 않은 뭔가가 튀어나올 것만 같아 늘 두근거리지요. 그의 작품에는 좌우 양면 페이지가 두 가지 색으로 나뉘어 있는 게 많아요. 그게 마치 수평선 같죠. 보이는 세계와 보이지 않는 세계의 경계라고나 할까."

그와 마찬가지로 동화의 조건이 첫머리에 모두 들어 있는 작품으로 그녀는 한스 아우구스토 레이(H. A. Ray)의 오래된 명작 《흉내쟁이 조지》를 꼽았다.

가도노 씨는 문장 첫머리를 직접 외워서 들려주었다.

이 아이는 원숭이 조지입니다.

동물원에 살고 있지요.

조지는 귀여운 새끼원숭이인데 호기심이 대단히 많습니다.

동물원 바깥이 어떤지 알고 싶어서 참을 수가 없었지요.

"이 짧은 문장 안에 이야기의 요소가 모두 들어 있어요. 그리고 일단 읽기 시작하면 책장을 넘기지 않고는 배길 수가 없죠! 뒷장에는 무엇이 있을까 하고 말이에요.

이 책이 나온 건 제가 대학에 들어갔을 즈음이에요. 이와나미 쇼텐에서 《흉내쟁이 조지》와 《꼬마 산보》, 《기관차 아에몬》 등이 출판되었는데 일본 아동서의 시작이었던 것 같아요. 읽을 때는 매우 감동했지만, 종이 한 장 손에 넣기도 어려웠던 전쟁 중에 독일은 아이들을 위해 이렇게 멋진 책을 만들고 있구나 하고 생각하니 무척 복잡한 기분이 들었어요."

공상을 멈추고 독서를 시작하다

수평선 너머를 상상하는 공상벽은 아주 어릴 때부터 있었기 때문에 매우 익숙한 것이었다고 한다.

1935년에 도쿄에서 태어난 가도노 씨는 어릴 때 어머니를 병으로 여의었다. 그런 가정환경으로 인한 쓸쓸함도 있었고 "어릴 때 매우 침울한 아이였고 울기만 했다"며 자신의 성장 과정을 들려주었다.

"유치원에 가기 싫다고 계속 울었어요. 아버지가 데려다주셨는데 결국 포기하시고 다시 집으로 데리고 올 정도였지요."

도쿄 고이와에 있던 집에는 어둑한 복도가 있었다. 그녀는 그 복도 끝에 있는 벽에 등을 대고 자주 혼자서 울곤 했다. 하루에도 몇 번씩이나 우니까 일 때문에 바쁜 아버지는 머지않아 상대해주지 않게 되었다. 그래서 더 크게 울어서 울음소리가 밖으로 새어 나오면 "거 참 시끄럽네. 에이코의 사이렌이 또 시작됐어" 하고 근처 이웃들이 투덜거릴 정도였다고 한다.

그녀가 울음을 그친 건 공상의 세계에 잠기기 시작하고 나서부터였다.

"늘 상상했던 건 집을 나가는 거였어요. 제가 사는 집에는 엄마도 없고 여기가 아닌 다른 곳으로 가고 싶다는 마음이 그런 상상을 하게 했죠."

그녀는 상상 속에서 집 현관을 뛰쳐나가곤 했다. 길을 걷다 보면 늘 많은 사건이 일어나지만 마지막에 만나는 건 꼭 친절한 아저씨, 아주머니였다. 그들에게 "넌 착한 아이야"라는 말을 듣고 카스텔라와 24색 크레용을 받는 장면까지 상상하면 어느샌가 슬

픈 기분이 가라앉았다. 그 모습은 선인장 남자아이 이야기를 생각하면서 이런저런 공상에 빠지는 지금의 그녀에게로 이어진다.

다만 집을 나가는 이야기를 상상한 건 초등학교에 들어가기 전까지였다. 그 후 히라가나를 읽고 쓸 줄 알게 되자 공상 대신 책을 읽게 됐기 때문이다. 그즈음 아버지가 재혼해서 형제가 생기기도 했다.

거실 옆방에 있는 유리문이 달린 책장에는 이와나미문고가 진열되어 있었다.

"글자를 읽을 수 있게 되자 그 책장에서 제가 읽을 수 있을 것 같은 책을 골라 읽게 되었어요. 처음에는 그림 동화 같은 걸 읽기 시작했죠. 아, 맞아요, 가타카나니까 이건 나도 읽을 수 있겠어 하고 모리 오가이(森鷗外)의 《이타 세쿠스아리스》(라틴어로는 'vita sexualis'로 성욕적 생활을 의미하는데, 주인공이 자신의 성적 체험을 철학적인 관점에서 서술한 소설이다-옮긴이)를 꺼내 읽으려다 아버지에게 책을 뺏겼던 기억이 나요. '그거 말고 이걸 읽으렴' 하며 대신 주신 게 톨스토이(Lev Nikolayevich Tolstoy)의 《유년 시절》이었어요. 그게 제 독서의 시작이었죠."

《마녀 배달부 키키》와 같은 마음으로

　가도노 씨가 동화를 쓰기 시작한 건 브라질에서 일본으로 돌아오고 나서다. 브라질에서 처음 1년을 보내는 동안 평생 잊을 수 없는 소년을 만난 것이 계기가 되었다.

　날마다 수평선을 바라봐야 했던 2개월 정도의 선박 여행이 끝나고 그녀 부부는 한밤중에 산투스 항에 도착했다. 같은 배에 타고 있던 대부분의 일본인들은 농업 이민으로 왔기 때문에 그들은 일할 농장에서 마중 나와 있었다. 기술 이민으로 온 우리 두 사람만이 동그마니 항구에 남겨져 어쩔 줄 모르고 있을 때 상파울루까지 태워주겠다는 사람이 있었다. 부랴부랴 그날 묵을 숙소를 찾은 두 사람은 얼마 후 거리 중심부에서 조금 떨어진 빈민가에 아파트 한 채를 빌렸다.

　"부엌과 샤워기뿐인 화장실, 침대와 작은 책상을 넣고 나니 그것만으로도 꽉 찰 정도의 작은 원룸이었어요. 아파트 아래 큰길을 내려다보면 카페와 정육점, 세탁소와 채소 가게가 늘어서 있었죠."

　남편은 잡지를 서너 권 사서 거기에 실려 있던 구인광고를 보고 가구회사에 일자리를 마련했다. 한편 가도노 씨는 갑자기 불안해졌다고 한다.

"일본을 떠날 때는 굉장히 기대가 컸지만 막상 생활하려고 하니 말이 통하지 않았어요. 채소 하나도 어떻게 사야 할지 몰랐으니까요. 그런 불안한 마음은 《마녀 배달부 키키》에도 그려져 있어요. 혼자 여행길에 나선 키키가 코리코 거리에 내렸을 때의 심경은 당시 제 마음을 떠올리고 쓴 거예요."

익숙하지 않은 생활에 우울해하던 그녀는 어느 날 아파트 엘리베이터에서 루이진요라는 소년을 만난다. 말이 통하지 않아 물건 하나 사지 못하던 그녀에게 소년은 포르투갈어를 가르쳐준 선생님이었다. 루이진요는 아파트 옆집에 사는 이탈리아인의 외동아들로 엄마는 인기 없는 삼바 가수였다. 항상 음악이 흘러나오는 집에 살면서 늘 춤을 추며 걸어 다니는 아이였다.

"소년은 어딜 가든 함께 갔어요. 시끌벅적한 노천시장에 가면 여러 가지 식재료가 가격표도 없이 진열되어 있었죠. '이건 뭐니?' 하고 물으면 루이진요는 역시나 춤을 추면서 단어를 가르쳐주곤 했죠. 머지않아 소년의 엄마와도 친해졌고 그제야 제 브라질 생활이 제대로 돌아가기 시작했어요. 뭐, 그녀는 돈이 떨어지면 우리 집에 설탕이나 담배를 빌리러 오는 나쁜 버릇이 있긴 했었지만요. 호호."

그런 몇몇 사람들과 만남이 이어지던 어느 날이었다. 가도노 씨는 아파트 창문을 열고 자신의 새로운 생활 터전이 된 거리를 내려다보았다. 창문으로 기분 좋은 바람이 불어 들어오고 거리의 소란함이 부드러운 울림으로 전해졌다. 바람을 맞으며 밖을 바라보고 있으니 상쾌한 기분이 들었다. 낯선 브라질 생활에서 느꼈던 불안이 사각사각 녹아드는 거 같았다.

"그때 '그래, 이 나라에서 살아가야 해' 하고 생각했어요. 그리고 몇십 년이 지나서 그 마음과 장면이 《마녀 배달부 키키》에 그대로 쓰였죠."

가도노 씨는 상파울루의 가구 회사에 직장을 잡은 남편과 함께 약 2년 동안 브라질에서 지냈다. 그녀도 일본인 이민자들에게 단파방송을 내보내는 라디오 방송국에 들어가서 광고주를 모집하는 영업사원으로 일을 했다. 그 후 중고로 구입한 르노 소형차로 9,000킬로가 넘는 유럽 여행을 하고 차를 판 돈으로 캐나다와 뉴욕을 돌아보고는 일본으로 돌아왔다.

처음으로 책을 쓴 건 귀국하고도 몇 년이나 지난 1970년의 일이다. 딸이 태어나고 일 때문에 바빠진 남편이 거의 집에 없을 무렵, 대학 시절 은사의 권유도 있고 해서 브라질에서의 체험을 글로 쓰기 시작했던 것이다.

"실제로 뭔가를 쓰다 보니 제가 글을 쓰는 걸 얼마나 좋아하는지 알겠더군요."

그리고 서른다섯 살 때 출판된 책이 데뷔작인 논픽션《루이진요 소년, 브라질을 찾아서》다. 그렇다, 그녀는 포르투갈어를 가르쳐준 상파울루의 어린 친구 이야기를 쓴 것이다.

이야기를 쓰는 마법

가도노 씨가《빌딩으로 사라진 여우》를 출판하고 아동문학 작가로 본격적인 활동을 시작하기까지는 그로부터 7년이라는 시간이 더 걸렸다. 그동안 그녀는 자신이 쓴 글을 아무에게도 보여주지 않고 어떻게든 이야기를 만들어내려 노력했다. 그 과정에서 그녀가 습득한 이야기를 쓸 때의 방식은 조금 색달랐다.

그녀는 초등학교나 중학교 때 스케치 시간이 즐거웠던 걸 떠올리고는 화판을 샀다. 무릎에 화판을 올려놓고 그림을 그리며 이야기를 구상했고 때로는 목에다 끈으로 매달고는 걸어 다니면서 그림을 그리기도 했다.

"처음에는 보이지 않던 것이 움직이기 시작했죠. 그게 제가 이야기를 엮어가는 방식이에요. 그러면서 느끼게 된 게 동화는 자기 자신이 즐기면서 써야 한다는 것이었어요. 초창기에는 제가 독자를 너무 의식했었던 것 같아요. 그러면 아무래도 이야기가 거창하게 되어버리죠. 아이는 그런 걸 민감하게 느끼는 독자기 때문에 '이 사람은 자기 생각을 강요하듯이 쓰고 있다'고 생각해요. 그러면 자유롭게 읽히지 않아요. 우선은 저자인 저 스스로 쓰는 것에서 기쁨을 느껴야 한다는 아주 기본적인 것을 깨달은 거죠."

그녀는 이야기가 가지고 있는 파도같이 넘실대는 그 무엇이 몸 안으로 들어오는 데에는 그만큼의 시간이 필요했는지도 모른다고 생각했다고 한다.

그 후 작은 도깨비 시리즈 등 수많은 베스트셀러를 내놓은 그녀가 장편동화《마녀 배달부 키키》의 첫 권을 쓴 것은 1985년의 일이다. 어느 날 그녀는 열두 살 된 딸이 그린 그림을 눈여겨보았다고 한다. 그림에는 빗자루를 탄 마녀가 있었고, 자루에는 작은 라디오가 매달려 있었으며, 마녀의 빗자루에서 음표가 날아오르고 있었다. 그러고 보니 딸은 독서나 공부도 라디오를 들으면서 하곤 했다. 그때 '나가라족(두 가지 일을 동시에 하는 사람-옮긴이)처럼 여러 가지 일을 한꺼번에 하는 요즘 애들 같은 마녀 이야기도 재미있을지 몰라' 하고 생각했다고 한다. 그리고 이 책은 완결(총 6권)까지 대략 24년이 소요된다.

지브리 만화영화의 원작이 되기도 했고 지금은 국민적인 동화가 된 《마녀 배달부 키키》에서 주인공인 키키가 사용할 수 있는 마법은 하늘을 나는 것 단 하나뿐이다. 가도노 씨는 키키를 그와 같은 마녀로 설정한 이유에 대해 이렇게 말했다.

"인간은 풍부한 상상력을 펼치고 자신이 좋아하는 걸 발견한 후에는 꾸준히 계속하려 하지요. 좋아하는 일을 소중히 여기고 그것을 자신의 인생에서 마음껏 살리려고 궁리합니다. 저는 그런 세계를 대단히 중요하다고 여기려고 해요. 제가 꾸준히 그리고 열심히 써 온 것도 그러한 생각 때문이에요. 그리고 그렇게 계속 써 나가다 보면 언젠가는 그게 그 사람의 마법이 되는 게 아닐까 생각해요."

그녀는 40년이 넘도록 이야기를 쓰는 일을 날마다 계속해왔다. 그리고 그건 그녀가 스스로 손에 넣은 단 하나의 마법이 되었던 것이다.

그녀의 말을 듣고 내 마음은 다시 그녀가 말한 수평선으로 되돌아왔다.

"수평선이란 배니싱 포인트(vanishing point, 소실점)지요. 배에서 보든 높은 산에서 보든 반드시 눈높이에 있어요" 하고 그녀가 말했다.

"그 점이 책과 비슷하다는 생각이 들어요. 어디에 있든 책장을 넘기기만 하면 우리는 지금 여기가 아닌 다른 곳으로 들어갈 수 있으니까요."

이야기를 쓴다는 것은 마법이며 책은 그 마법을 저 너머에 숨겨둔 수평선이다. 나는 가도노 씨가 말한 그 비유가 대단히 마음에 들었다.

제2장

세계의 지식을
이어주는 가교, 에이전트

"에이전트라 하면 단순한 중개업자로,
있어도 없어도 그만이라는 인식을 가진 사람도 많습니다.
하지만 에이전트에게는 에이전트가 하지 않으면 안 되는 역할,
우리밖에는 할 수 없는 일이 있지요."

독일 프랑크푸르트에서는 매년 북페어가 열린다. 이 기간에 거대한 전시장에는 전 세계에서 모인 출판사 부스가 줄지어 서고 다음 해 이후에 출판되는 책에 대한 홍보가 이루어진다.

곳곳에 저자의 사진을 크게 확대한 현수막이나 제목이 적힌 플래카드, 수많은 광고 전단지 등이 빼곡하다. 소설, 논픽션, 비즈니스서와 아동서, 일러스트북 등 거의 모든 분야의 책들이 전시되어 있고, 각 부스에서는 저자나 대리인, 출판사 직원 등이 저작권 판매를 위해 조만간 출간될 예정인 도서 기획서를 손에 들고 각국의 클라이언트와 차례차례 상담을 나눈다.

이렇듯 프랑크푸르트 북페어는 세계적인 이벤트다. 더욱 놀라운 건 참가국 수가 100개국에 이른다는 것이다. 특히 최근에는 한국이나 중국 등 아시아 지역 출판사들의 구매가 크게 늘고 있어서 미국이나 유럽, 그리고 일본 중심이었던 예전 분위기와는 사뭇 다르다.

어디를 둘러보아도 온통 책, 책, 책으로 둘러싸인 활기찬 전시장을 바쁘게 뛰어다니는 다마오키 마나미(玉置真波) 씨는 북페어에 처음 참가했을 때 '온 세계에서 책이 모인다는 건 이런 거구나' 하고 생각했다고 한다.

다른 언어를 읽다

그녀가 일하는 터틀모리 에이전시는 일본에서 판매되는 번역서 중 약 60퍼센트를 계약으로 연결시키며 일본에서 가장 규모가 크고 오래된 에이전시로 자리매김하였다. 논픽션 부서의 에이전트인 그녀에게 프랑크푸르트 북페어는 1년 중 가장 중요한 무대다.

그녀는 올해도 뉴욕과 런던에서 상담을 마친 후 쉬지도 못하고 프랑크푸르트로 향했다. 5일간의 북페어 개최 기간 중 처리해야 할 상담 약속은 대략 100여 건. 30분에 한 번꼴로 저작권자의 제안을 듣고 일본으로 돌아와서 각 출판사에 추천할 서적들을 엄선해야 한다. 그렇게 해서 저작권을 판매한 책은 1~3년 후에 서점에 신간 서적으로 진열된다.

그녀는 스물다섯 살이 되던 1993년에 터틀모리에 입사해 매년 북페어에 참석하고 있다.

"북페어에 올 때마다 자신들의 책이 다른 언어로 출판되기를 바라는 에이전트의 열정에 압도당하곤 합니다."

특히 선배의 조수나 다름없던 신입 때는 책을 둘러싼 사람들의 열기에 현기증이 났다고 한다.

상담은 페어가 개최되기 전 주 초반부터 이미 시작된다. 고전적인 분위기의 호텔 슈타이겐베르거 프랑크푸르트 호프에 가면 수많은 사람들이 라운지나 바, 중정 곳곳에서 출간 예정인 책의 저작권 매매를 위한 협상이 이루어지는 걸 볼 수 있다.

그녀 같은 에이전트가 하는 일은 권리자의 홍보 문구를 듣고 저자의 경력이나 인품에 대해 질문을 해 책의 핵심을 파악하는 것이다. 유명한 저자의 작품이라면 그 자리에서 바로 매매가 성립되는 경우가 많다. 그중에는 아직 취재도 시작하지 않은 논픽션 기획도 있고, 소개문이 A4용지 한 장짜리로 아주 간단하게 정리된 것도 있다. 저자의 출신 대학, 연구 분야나 경력, 지금까지의 출판 이력, 작가가 소속되어 있는 신문사(일본에도 간혹 신문사에 소속되어 글을 쓰는 작가가 있다. 나쓰메 소세키夏目漱石도 아사히신문 소속 작가였다-옮긴이) 등등……. 유명 출판사라면 어느 정도 신용할 수 있지만 처음 들어보는 곳이라면 서로를 알아가는 데 많은 시간 이 필요하다.

그곳은 일본에서는 볼 수 없었던 책을 둘러싼 또 하나의 세계다.

"거침없는 어투로 책을 홍보하는 걸 보고 처음엔 화를 내는 건가 생각했을 정도였어요. 모두 자신들이 소개할 작품에 대해 자세한 내용을 정성 들여 준비해왔고 팸플릿과 제안서도 공을 들여 세세하게 만들어왔더라고요. 그런 그들이 작품에 거는 애 정을 설명하고 열의 있는 태도로 표현하기를 종일, 그것도 5일 동안 계속하는 것이 프랑크푸르트 북페어인 거죠."

험난한 저작권 판매

해외와 일본을 비교했을 때 크게 다른 건 저자의 대리인이라 는 존재다. 일본에서는 작가와 연락을 주고받을 수 있는 사람은 주로 그 책을 담당하는 편집자뿐이다. 저자는 기획 단계부터 편집자와 논의하고 원고의 집필과 수정은 물론 출판 계약에 관한 세부 사항과 이후 취재에 대한 대비도 편집자와 함께 하는 게 일반적이다. 하지만 유럽과 미국에서는 '저작권 에이전트'라 불리는 사람이 작가를 발굴하고 출판사에 기획된 원고를 판매하며 원고료 교섭까지 담당하면서 유망한 저자와는 두 번째 작품 이후의 경력 설계까지도 함께 도모한다.

그들은 북페어 등에 참석해 저자를 알리고 여러 나라의 출판사들로부터 인세의 선지급금인 선인세, 다시 말해 계약금을 모아 작가가 집필에만 전념할 수 있게 한다. 인기 작가가 되면 몇년 후에나 출판 예정인 기획서 단계에서 세계 각국의 출판사로부터 수십만 달러, 때로는 수백만 달러의 선인세를 받는 경우도 있다. 그 일부가 대리인의 수입이 되기 때문에 저작권 에이전트는 당연히 작품을 판매하기 위해 열과 성의를 다한다.

해외 시장에서는 출판사로 저작권 매매를 중개하는 터틀모리 같은 에이전시를 서브 에이전트라고 부른다. 그들은 저자나 출판사 등 권리자의 대리인으로서 교섭을 대행하고 화제작 홍보를 위해 다른 나라를 방문하는 저자의 일정 관리나 접대를 담당하는 경우도 많다.

현재 터틀모리 에이전시의 직원은 약 50명이며 그중 그림책, 논픽션, 실용서, 소설을 담당하는 에이전트 수는 16명이다. 업계 전체를 통틀어 100명도 안 되는 규모지만 연간 약 5,000권에서 6,000권 정도 발행되는 풍요로운 번역서의 세계를 뒤에서 지원하는 소수 정예의 사람들인 것이다.

다마오키 씨는 20년 전 처음 프랑크푸르트 북페어를 방문했을 때의 일을 떠올리면 지금도 부끄럽다고 했다. 왜냐하면 그녀가 출장 중 현기증을 느끼고 쓰러진 건 북페어의 열기 때문이 아니라 긴장과 피로 때문이었기 때문이다. 실용서, 역사서, 르포르타주에 유머책까지 연이어 프레젠테이션을 듣고 있는데 심한 현기증을 느껴 결국 병원 신세를 져야 했다.

"You have anemia(빈혈이에요)."

의사에게 이 말을 들은 그날의 기억은 책을 둘러싼 씁쓸한 추억으로 남아 있다. 그녀가 처음 접한 유럽과 미국의 책 문화는 이렇게 파란만장했다.

편집자와 에이전트의 협연

귀국한 다마오키 씨를 기다리고 있는 건 북페어에서 얻은 성과를 출판사의 번역서 담당자에게 전달하고 한 권 한 권 직접 기획하고 소개해 판매하는 일이다. 번역서 저작권 중개라는 말만 들으면 '책을 오른쪽에서 왼쪽으로 옮기는 것일 뿐'이라는 인상을 받기 쉽다. 하지만 한 출판사의 번역서 담당자와 협의하는 자리에 동행해보니 책을 소개하는 일이 절대 단순하지만은 않다는 걸 알게 되었다.

그날 진보초에 있는 터틀모리 사무실에서는 다마오키 씨와 중견 출판사의 편집자 T 씨가 열띤 논의를 주고받고 있었다. 사무실 벽에는 터틀모리에서 담당했던 책이 진열되어 있었는데 대충 훑어만 봐도 노벨평화상을 수상한 말랄라 유사프자이(Malala Yousafzai)의 《나는 말랄라》, 테슬라 모터스의 CEO인 엘론 머스크(Elon Musk)의 전기 등 화제작이 눈에 띄었다.

그녀의 목록에는 미국의 의사가 불평등 문제를 논한 사회파 논픽션 기획서(일본에서 '사회파 논픽션'이라 하면 노동문제, 아동 여성 문제, 난민, 소수민족 등 광범위한 분야를 다룬 논픽션을 말한다-옮긴이), 암에 걸리지 않는 생활 방식을 주제로 라이프스타일을 다룬 책의 팸플릿, 그리고 영국의 〈가디언〉지 기자가 각국을 취재한 난민 문제 르포르타주 기획과 이미 출판된 요리서나 와인 입문서, 러시아 출판사가 출간한 고양이와 관련된 유머책 등이 있었다. 그녀는 현지의 에이전트나 편집자에게서 얻은 50여 권에 달하는 작품 정보를 출판사 담당자에게 한 권 한 권 꼼꼼하게 전달했다.

"이건 우리나라에도 이미 유사한 책이 있던데." "미국에서야 많이 읽히겠지만 우리나라에서는 별로 관심사가 아니라서요." "재미있을 것 같긴 한데 난민 문제는 너무 학술적으로 그려지면 우리나라 시장에는 맞지 않더라고요." "이건 원고를 읽지 않고는 뭐라 말할 수 없겠는데요." T 씨는 차례차례 목록에 있는 제목에 줄을 그어나갔다.

실제로 저작권 중개는 터틀모리에서 제안하는 게 60퍼센트, 출판사 측에서 의뢰하는 게 40퍼센트 정도라고 한다. 그러나 두 사람이 협의하는 걸 지켜보니 서로 기획안을 보고 의논하면서 책을 선택하는 분위기다.

T 씨에 의하면 이 목록에서 실제로 몇 권이라도 출판되면 괜찮은 편이라고 한다. 터틀모리의 수입은 출판계약을 맺은 번역

서에서 나오는 저자가 받는 인세의 일부다.

이번에는 다마오키 씨가 가지고 온 작품 목록 하나하나를 저작권 에이전트처럼 열심히 설명할 차례다.

"수없이 많은 목록 중에서 출판사나 편집자가 원하는 작품을 선택해 소개하는데, 중요한 건 그 작품을 국내 상황에 어떻게 접목시킬까 하는 거예요. 아무리 훌륭한 원고라도 당사자들에게는 매우 중요하지만, 우리에게는 별로 흥미롭지 않은 것도 많거든요. 그런 상황을 어떻게 인식하는가가 에이전트 한 사람 한 사람의 중요한 과제라고 생각해요."

이번 논의는 불발로 끝날 것 같은 분위기였지만 한편으로 20년 경력의 베테랑 편집자이자 번역서 담당자인 T 씨는 "최근 10년 정도를 돌아보면 번역할 책을 찾는 과정에서 터틀모리 같은 에이전시는 더욱더 소중한 존재가 되었다"고 말한다.

"최근 번역서 시장은 예전과 비교하면 놀랄 만큼 다양화되었어요. 예전에는 《이기적 유전자》의 리처드 도킨스(Richard Dawkins)가 유행하면 같은 주제를 다른 각도에서 보거나 깊이 있게 다룬 책이 넘쳐나는 경향이 있었죠. 그만큼 우리도 북페어에서 책을 선택하기가 쉬웠죠. 하지만 지금은 학자, 블로거, 작가, 저널리스트 등이 각기 다양한 분야의 책을 내고 있고 생각지도 않은 신인이 갑자기 등장하거나 장르도 더 세분화됐거든요. 도저히 우리 힘만으로는 전체를 파악할 수 없게 된 거요."

터틀모리에는 해외의 생생한 출판 정보를 모을 수 있는 정보망이 있다. 영국의 대형출판사 펭귄 그룹의 90퍼센트 이상의 판권을 취급하고 있고, 미국의 페르세우스 북스 그룹이나 월간지 〈하버드 비즈니스 리뷰〉와도 독점 계약을 맺고 있기 때문이다. 그 때문에 터틀모리에 소속된 에이전트는 해외 출판사에서 보낸 도서 기획 정보를 날마다 메일로 받는다.

터틀모리가 가진 또 하나의 강점은 1960년대부터 런던에 지국을 두고 1979년부터는 뉴욕에서도 도서 기획 정보를 모으는 스카우트 회사와 제휴했다는 것이다. 그곳에서는 유명 출판사의 인사이동이나 유명 편집자의 이적 정보를 수시로 파악할 수 있어서 도서 기획 정보를 재빨리 확보할 수 있는 구조를 갖추고 있다고 한다.

지금까지 터틀모리가 중개해온 작품의 역사는 전후 일본 번역서의 역사 그 자체라 해도 과언이 아닐 것이다. 1952년에 발간된 안네 프랑크(Anne Frank)의 《빛은 희미하게》(후에 《안네의 일기》

로 제목을 바꿈)로 시작해서 코난 도일(Sir Arthur Conan Doyle)과 애거사 크리스티(Agatha Christie)의 작품, 토베 얀손(Tove Jansson)의《즐거운 무민 가족》, 데일 카네기(Dale Carnegie)나 피터 F. 드러커(Peter F. Drucker)의 경영서, 가르시아 마르케스(Gabriel Garcia Marquez)의《백 년 동안의 고독》, 그 외에도《기관차 토마스》와《피터 래빗》,《매디슨 카운티의 다리》,《포레스트 검프》등의 밀리언셀러를 중개해왔다. 아동서부터 소설, 비즈니스서에 이르기까지 지금까지 중개한 책만 대략 8만 점이 넘는다.

다마오키 씨는 이런 실적을 배경으로 에이전트 일을 하고 있는 것이다.

터틀모리 에이전시의 시작

터틀모리 에이전시의 역사는 종전 후 일본을 방문한 한 미국인으로부터 시작되었다. 주둔군의 점령 아래, GHQ(General Headquarters, 연합군 총사령부; 1945년 제2차 세계대전 후 대일 점령 정책을 펴기 위해 도쿄에 설치되었던 관리 기구-옮긴이)의 민간정보교육국(CIE) 일원 중 찰스 에그버트 터틀(Charles Egbert Tuttle)이라는 사람이 있었다. 터틀은 미국에서 대대로 출판과 인쇄 사업을 해온 명문가 출신으로 신문이나 방송 등의 검열과 통제를 담당하는 CIE 장교였다.

터틀에 대해 자세히 설명한 바 있는 와다 아쓰히코(和田敦彦)가 쓴《경계를 넘는 서적》의 제7장 일본의 서적과 정보 수출입에 의하면 그는 종전 때 도쿄로 부임하기 전 불과 2주일 정도 일본어 교육을 받은 게 다였다. 하지만 가업인 출판비즈니스에 밝은 인물이었기 때문에 CIE의 조사실장으로 임명될 수 있었다.

종전 이후부터 1950년대까지는 미·일 사이에 이전에 없던 대규모 서적 이동이 일어난 시기였다. 전쟁 때문에 일본에 대한 연구나 서적 이동이 끊겨 있었던 점, 일본이 냉전체제 속에서 미국과 소련의 활발한 문화 선전의 장이 된 것 등 일본어로 쓰인 책과 정보에 대해 지금까지 없었던 수요가 발생했기 때문이다.

그런 상황에서 일본에서 최초의 책 중개자가 된 사람이 터틀이었다. 1947년에 군대를 제대한 그는 다음 해인 1948년 찰스. E. 터틀사 도쿄지사를 세운다. 당시 미국 도서관에서는 일본어로 된 책을 구하고 싶어 했지만 서점과 직거래를 할 수 없었기 때문에 직원을 일본으로 직접 파견했다고 한다. CIE 조사실장인 터틀은 그런 사람들에게 조언을 해주는 입장이었고 후에 그 인맥을 이용해 일본에서 저작권 사업을 하는 데 크게 활용했던 것이다.

와다 아쓰히코가 '책의 중개자란 흘러가는 책의 단순한 통로가 되는 것만을 의미하지는 않는다. 그것은 수동적으로 대행하는 행위라기보다 적극적으로 뭔가를 만들어가는 행위에 가깝다'고 지적했듯이 터틀은 종전 직후 일본발 정보를 '중개'라는 행위로 관리하는 입장에 있었다. 그런 의미에서 그가 점령기가 끝난 후에도 일본에 남아 두 나라를 책으로 이어주는 출판 중개 사업에 진출했던 건 어쩌면 자연스러운 일이었는지도 모른다.

1951년에 치바 레이코라는 여성과 결혼한 터틀은 본격적으로 사업을 확대해나갔다. 그는 국경을 초월해 약 10년 동안 다섯 군데에 판매점을 내고 80명의 일본인 직원과 10명의 미국인 직원, 노동조합과 사원 야구팀까지 복합 서적 비즈니스를 전개하기에 이른다. 양서의 수입 판매와 일서의 번역 수출 등 폭넓은 사업 중 한 부문이 현재 터틀모리의 핵심 사업인 저작권 중개였던 것이다.

출판계의 실크로드

터틀모리는 1978년 현재의 형태로 독립했다. 창업자인 모리 다케시(森武志)는 터틀의 부인 레이코의 조카다. 아이가 없던 터틀의 권유로 터틀사에 입사한 모리는 스물네 살 때 저작권 부서의 사원이 되어 처음으로 미국과 유럽 각국의 북페어와 출판사를 둘러보았다. 원래 학생 때부터 무역상사에 들어가기를 희망했던 모리는 아버지의 일 때문에 어린 시절을 미국에서 보냈기 때문에 영어만큼은 자신이 있었다. 그는 미국 출장길에서 로렌스 피터(Laurence J. Peter)의 《피터의 원리》를 발견했고, 그 책이 일본에서 베스트셀러가 된 후에는 저작권 부서에서 두각을 보이기 시작했다.

그는 아사히신문사에서 출간된 《비즈니스 전기》에서 "저작권 부서는 아직 열 명 정도로 소규모였다. 하지만 재미에 사로잡혔다. 대형 작품을 계약하면 흥분되었다. 내가 하지 않으면 이 책은 일본어로 번역되지 않을지도 모른다는 생각이 들었다"라며 당시의 심경을 말하기도 했다. 그리고 그가 터틀사에 입사한 지 10년 만에 독립한 회사가 터틀모리 에이전시다.

국내외 저자나 출판사 관계자들로부터 애칭 '톰 모리'로 불리며 좋은 관계를 유지해온 그는 일본 출판 역사 속에서 색다른 존재감을 풍겼다. 1993년에 터틀모리에 입사한 다마오키 마나미 씨도 면접시험에서 모리 다케시를 처음 만났을 때 강렬한 인상을 받았다고 한다. 족히 100킬로그램은 될 것 같은 체격, 취미인 골프로 햇볕에 그을린 피부, 팔에는 그의 트레이드마크인 롤렉스와 팔찌, 손가락에는 에메랄드와 터키석으로 꾸민 반지가 번쩍번쩍 빛나고 있었기 때문이다.

"누구나 한번 만나면 잊을 수 없는 사람이죠. 만나자마자 그가 'Hi! welcome!' 하며 갑자기 인사하는 거예요. 그와 마주 앉아 이야기하고 있자니 왠지 반지에 박힌 큰 보석에 빨려 들어갈 것 같은 기분이 들었어요."

커다란 꽃병이 놓인 방에서 그녀는 그의 독특한 분위기에 압도당한 채 필기시험을 봤다. 모리가 한 권의 양서를 건네주며 "일본 출판사에다 이 책을 팔기 위한 소개문을 써 보게"라고 한 것이 그녀와 터틀모리와의 첫 만남이었다.

모리가 주는 강렬한 인상은 많은 저자나 해외 출판인들에게도 눈길을 끌었다. 일본에서는 《바다 위의 피아니스트》로 알려진 이탈리아 소설가 알렉산드로 바리코(Alessandro Baricco)는 움베르토 에코(Umberto Eco)의 신작 출판 기념 파티에서 모리를 처음 봤을 때 '과연 이런 사람이 책을 사고팔 수 있을까?'란 생각을 했다고 한다. 그때의 추억을 회상하면서 바리코는 정체를 알 수 없는 모리의 박력을 이렇게 표현한 바 있다.

"말투도 몸짓도 마치 나폴리 사람 같은데 일본 출판사 간부 같은 인물을 만나면 깊숙이 고개 숙여 동양식 인사를 한다. 그야말로 카멜레온 같다. 지팡구(마르코 폴로Marco Polo의 《동방견문록》에 나오는 일본의 호칭-옮긴이)에 있다는 황금 곤충이라도 먹고 있을 걸까?"

쉰셋이라는 젊은 나이에 갑작스러운 죽음을 맞은 모리의 생애는 이처럼 매력적인 에피소드들로 넘쳐난다.

"모리의 이름은 해외에서 더 유명했어요. 예전 북페어에서는 멀리서 모리 목소리가 들리다가 점점 가까워지곤 했는데 상담 약속을 30분 간격으로 소화해야 하는데도 불구하고 사람들이 연신 붙잡아 세워 다음 상담으로 넘어가지 못하는 일이 아주 잦았거든요."

다마오키 씨는 그때가 그리운 듯이 말했다.

덧붙이자면 바리코가 말하는 모리의 나폴리인 같은 행동은 책을 매입하러 간 해외 출장지에서 할리우드 영화 같은 걸 보고 연구해서 익힌 것이었다고 한다. 그는 대형 클라이언트와의 상담을 앞둔 날이면 호텔 방으로 동료를 불러서 "하이! 아임 톰 모리" 하며 몇 번이나 반복해가면서 예행연습을 했다고 한다.

또 모리의 성격을 보여주는 일화로 자주 오르내리는 것이 전 러시아 대통령 옐친의 수기를 중개했을 때의 이야기다. 그는 옐친 대통령과 함께 보드카를 마시면서 〈이시카리가와 비가〉를 반주 없이 일본어로 노래했다. 그때 일본 출판사를 대표하듯 "이전에 낸 《고백》보다 두 배 더 팔겠습니다" 하고 립서비스를 하며 옐친의 비위를 맞춘 것은 정말이지 대단한 열정이 있었기에 가능한 일이었다.

일본에서 출간된 대표적인 번역서 대부분은 그의 손을 통해 중개되었다. 모리가 등장할 때까지 일본 출판계에는 '에이전트'라는 인식이나 양서의 번역권을 출판사가 입찰로 얻는 시스템이 전혀 없었다. 그와 터틀모리가 현재 일본 번역서의 세계를 만들어낸 것이다.

터틀모리의 이념은 사명 로고와 함께 쓰인 'AGENCY TO

SPAN THE EAST AND WEST(동서양을 잇는 에이전시)'다. 말 그대로 그들은 책의 세계에서 동서를 잇는 다리이자 전후 일본에 번역서의 세계를 꽃피운 출판계의 실크로드였다.

작품을 보는 뛰어난 감각을 길러라

신입사원으로 터틀모리로 전직한 다마오키 씨도 입사 후 점차 모리의 매력에 끌리게 된 사람 중 한 명이었다. 1993년 스물다섯 살이었던 그녀가 터틀모리를 새로운 직장으로 선택한 이유는 우선 어릴 때부터 책을 좋아했고, 다음은 아버지의 근무지였던 미국에서 중학교 때까지 생활한 경험이 있었기 때문이었다. 외국 생활을 하다가 귀국한 그녀는 자신의 정체성을 일로 연결시키고 싶다는 생각을 하게 되었다.

"아버지 일 때문에 다섯 살 때 미국으로 갔다가 열두 살에 일본으로 다시 돌아왔어요. 그런 저에게 책은 두 나라의 문화 차이에 당황하던 저를 채워주는 아주 소중한 것이었지요."

다마오키 씨는 미국에서는 부모님이 가져온 일본 책을 읽고,

일본으로 돌아와서는 영미서를 읽으며 어린 시절의 추억에 잠기곤 했다. 그리고 대학 취업정보처에서 《해외파 취업 사전》이라는 안내서를 읽다가 일본에도 저작권 중개라는 일이 있다는 걸 알게 되었다(단, 터틀모리는 졸업예정자는 채용하지 않았다).

전직할 당시 터틀모리는 진보초에 있는 후지야 빌딩 7층과 8층을 사무실로 쓰고 있었다. 그녀는 종이와 자료 다발이 허리 높이까지 쌓이고 곳곳에 산타클로스나 들고 다닐 법한 자루가 여러 개 놓여 있는 걸 보고 매우 놀랐다고 한다. 그 자루는 우체국에서 배달된 해외에서 온 육필원고나 편지, 저작권과 관계된 서류였다.

당시 터틀모리의 영업 실적은 창업 이래 절정기를 맞이하고 있었다. 모리가 20년 전부터 친분이 있던 미국 에이전트에게 소개받아 문예춘추사에 연결해준 《매디슨 카운티의 다리》, 신초샤에 중개한 《바람과 함께 사라지다》의 속편 《스칼렛》이 밀리언셀러가 되면서 유명 작가의 일본 방문도 뒤를 잇고 있었기 때문이었다. 터틀모리는 실로 픽션 대전성기라는 호황을 누리고 있었다. 때문에 다마오키 씨는 입사 1년째부터 프랑크푸르트 북페어에 참석하는 한편 활기 가득한 사내에서 에이전트 업무를 배울 수 있었다.

"어이, 마나미, 잠깐 이리 와봐."

그녀는 하루에도 몇 번씩 내선 전화로 모리 사장에게 불려가 저작권 에이전트가 보낸 편지를 건네받아야 했다. 너무 자주 불러서 힘들긴 했지만 그와 접촉하는 동안 모리가 책에 대한 교양과 강렬한 비즈니스 감각을 가진 경영자인 걸 알게 되었다.

"사장님의 책에 대한 애정이 얼마만큼이었는지 나로서는 알수 없습니다. 단순히 '책 is my business' 정도로 생각하고 있었는지도 모르지요. 하지만 작품에 대한 감각만은 굉장해서 당시엔톰 모리 사장 없이는 회사가 돌아가지 않았을 게 틀림없습니다. 저자와 출판사와 독자 모두가 흡족해하는 번역서의 세계를 일본에 뿌리내리고 싶다는 마음이 그를 움직이게 했던 거겠죠. 일에는 성공도 실패도 있었겠지만 그런 마음이 강했던 것만은 분명했어요."

그녀가 처음으로 관여한 큰 업무 중 하나는 1995년 아스키에서 출판된 빌 게이츠(Bill Gates)의 《빌 게이츠 미래를 말하다》였다. 모리는 컴퓨터를 배운 적도 없고 또 배워볼 생각도 없는 것같았지만 시애틀의 마이크로소프트 본사로 바로 날아가 교섭을 마무리하고 왔다. 그때 그 책의 선인세는 입찰 경쟁에서 처음으로 100만 달러를 넘어섰다. 해외에서 얻은 기획정보를 토대로 재빨리 행동하고 이때다 싶으면 상담을 톱다운(조직의 상부에서 하부로 방침이나 명령이 전달되는 관리 시스템-옮긴이)으로 단번에 마무리하는 그의 업무 방식을 보고 일본 출판사로 보낼 기획서와 자료를 만들던 그녀는 저작권 비즈니스라는 일이 얼마나 역동적인 일인가를 알 수 있었다고 한다.

모리는 자신이 가졌던 생각을 숙부인 찰스 터틀의 말을 인용하여 이렇게 회고한 바 있다.

"시도해보지도 않고 안 된다고 하지 마라."

터틀사의 창업자이자 숙부 찰스 터틀의 말버릇이었다. 이 말을 가장 절실하게 느낀 건 학생 시절 광고 계약 아르바이트를 하면서 계속 문전박대를 당했을 때였다고 한다. 그는 한밤중이 다 되어서야 서른한 번째 집에서 스테이크하우스 여주인과 계약을 체결했던 것이다.

"Keep Trying, 계속 도전하라. 누군가가 웃어준다."

그때부터 그는 이 말을 인생의 버팀목으로 삼아왔다.

세계의 지식을 전달하는 자

모리 다케시는 다마오키 씨가 입사하고 5년 동안 암으로 투병하던 끝에 쉰셋이라는 나이로 생애를 마쳤다. 그녀는 지금도 "어이 마나미, 잠깐 이리 와 봐" 하던 모리의 음성이 들리는 듯하다고 한다. 그로부터 10년이 지났지만 그녀는 터틀모리의 논픽션 부문 부장으로 일하면서 자신이 좋아하는 일을 계속해오고 있다.

미국에서 일본으로 돌아온 직후 아직 일본의 학교생활에 익숙해지지 못했던 그녀는 책만 읽으며 지냈다. 그녀에게는 세 살 터울의 여동생이 있는데 언니와는 달리 밖에서 놀기만 하던 여동생에게 독서의 즐거움을 가르쳐주고 싶어서 그녀는 작은 궁리를 짜냈다고 한다.

"짧은 이야기를 중간까지만 읽어주고 결말은 말하지 않은 채 여동생에게 건네주는 거예요. 특히 기억나는 것은 'encyclopedia brown' 시리즈예요. 일본어로는 '백과사전 탐정'이라고 하면 될까요? 수수께끼 풀이 부분을 읽어주지 않은 채 책을 놔두면 동생이 궁금해서 뒷부분을 혼자 읽더군요. 그 모습을 목격할 때면 정말이지 아주 즐거웠어요."

진보초에 있는 사무실에서 몇 차례 이야기를 나누던 어느 날, 그녀는 많은 번역서 중 베스트셀러만 진열된 회의실에서 "좋아해서 계속해온 일이지만 이제 이 일도 일대 분기점을 맞고 있는 듯해요"라는 말을 했다. 그녀가 터틀모리에서 일해온 20년간은 90년대에 절정을 맞은 출판시장이 계속해서 축소되어온 20년간이기도 했다. 모리 사장이 솜씨를 발휘하던 활기찼던 분위기도 지금은 많이 가라앉았다. 하지만 터틀모리의 영업실적은 이번 분기에 최고 수익을 기록했고 직원 수도 다마오키 씨가 입사했을 때에 비해 두 배 가까이 늘었다. 그 배경은 번역서 시장은 축소됐지만 터틀모리의 사업이 동서를 잇는 데에서 동서남북으로 확대되고 있기 때문이다.

"유럽과 북유럽은 물론 동남아시아와 한국, 중국, 러시아와의 저작권 중개가 늘고 있습니다. 특히 아시아 지역에서만 연간 1,000권이 넘게 거래되고 있고, 유럽과 미국으로 일본의 만화 시장이 많이 확대되기도 했습니다. 그리고 북유럽은 무민(MOOMIN, 핀란드의 작가 토베 얀손Tove Jansson의 만화에 나오는 캐릭터다-옮긴이)의 인기가 식을 줄 모르고 있죠. 분명 번역서는 많이 줄었지만 에이전트 한 사람 한 사람이 새로운 시장을 꾸준히 개척해왔고 책을 중심으로 터틀모리의 사업도 변화해왔습니다. 그리고 독자들이 책을 접하는 모습도 시대와 함께 변해가겠지요."

다만 그 속에서 절대 변하지 않는 것이 있다. 그건 "톰 모리가 이 회사에서 구현해온 에이전트 정신입니다"라며 그녀는 말을 이어갔다.

"일본에서는 대리인이라 하면 단순한 중개업자로, 있어도 없어도 그만이라는 인식을 가진 사람도 많습니다. 하지만 에이전트에게는 에이전트가 하지 않으면 안 되는 역할, 우리밖에는 할 수 없는 일이 있지요. 기획 단계부터 해외 작품을 접하고 가치를 꿰뚫어 보고 각각의 저자에게 가장 적합한 일본 출판사를 소개할 수 있는 건 저희 에이전트뿐이니까요."

외국에서 어린 시절을 보낸 그녀가 에이전트라는 일에 매력을 느낄 수 있었던 건 자신의 장점을 살려서 세상에 도움이 되는 일을 찾고 있었기 때문이기도 하다. 그녀는 번역서를 둘러싼 환경이 변해간다면 우리 역시 '세계의 지식을 어떻게 전달할 수 있을까?' 하는 문제의식을 느끼지 않으면 안 된다고 했다.

"think like agent. 해외에서 이 일을 하다 보면 'you are thinking like an agent'라는 표현이 칭찬하는 말로 자주 나옵니다. 우

리의 역할은 시대에 따라 변하겠지만 정신만은 절대 변하지 않을 거예요. 번역 문화를 어떻게 지키고 넓혀갈 것인가…… 모리가 그랬던 것처럼 이번에는 우리가 그 일을 찾아가지 않으면 안되겠죠."

제3장

교열은
교정쇄로 말한다

"지금 출판업계에서는
비생산적인 교열부문을 축소하려는 경향이 있습니다.
하지만 저는 교열부야말로 출판사의 양심이라고 생각합니다."

제삼자의 날카로운 눈

옆에 놓인 맥주를 한두 모금 마시더니 야히코 다카히고(矢彦孝彦) 씨는 잠이 모자란 듯 붉게 충혈된 눈을 비볐다. "후유, 어젠 어떤 작가의 교정쇄 마감일이어서요. 이게 상당히 만만찮은 일이라서…… 좀 지쳤어요" 하고 조용한 말투로 말하더니 다시 한 모금, 두 모금 맥주를 맛있게 들이켰다.

"요 이틀간 저자가 새빨갛게 고쳐놓은 교정쇄와 씨름을 했거든요. 빨갛게 표시해놓은 부분을 전부 확인한 후 편집자에게 건네주고 오는 참이에요."

일을 끝낸 게 정말이지 시원하다는 표정으로 그가 말했다. 교정 인생 40년, 일을 즐길 줄 아는 사람이라는 생각이 들었다.

야히코 씨는 2012년 6월 신초샤를 퇴직할 때까지 교열부에서 일했다. 젊었을 때는 '소설 신초' 등에서 시바 료타로(司馬遼太郎),

미즈카미 쓰토무(水上勉), 마쓰모토 세이초(松本清張), 고미 야스스케(伍味康祐) 같은 쟁쟁한 작가들의 육필원고를 담당했고, 나중에는 시오노 나나미(塩野七生)의《로마인 이야기》교열을 주로 담당했다고 한다. 시오노 나나미로부터는 "회사를 그만두더라도 내 원고는 계속 봐주기 바란다"는 의뢰를 받았을 정도로 편집자뿐만 아니라 작가들에게도 두터운 신뢰를 받고 있다.

그는 현재도 외주 교열자로서 여러 출판사가 의뢰한 일을 하고 있으며 "회사를 그만두고 나서 오히려 더 바빠진 것 같다"라고 말한다. 그의 뛰어난 교열 실력을 다른 편집자들이 그냥 내버려 두지 않고 있기 때문이다.

교정 교열이란 저자가 쓴 원고를 인쇄된 교정쇄에 앉혀 잘못된 부분을 고치는 작업을 말한다. 엄밀하게 말해서 교정쇄가 원고대로 되어 있는지를 확인하는 것이 교정이고, 내용의 사실 여부를 조사하고 확인해 잘못된 문구나 문장을 바로잡고 모순된 부분을 밝혀내는 작업이 교열이다.

단행본이나 잡지가 인쇄되어 독자들에게 가기까지 저자는 편집자를 통해 교열자와 여러 번 원고를 주고받는다. 그러면서 내용에 관해 여러 가지 의문을 해소하거나 구성이나 문맥, 문법상 오류를 바로잡는데, 그 과정에서 필요한 '제삼자의 눈'이 바로 교정 교열이다. 그들의 눈을 통해 비로소 발견된 오자나 탈자, 선입견이나 실수로 생긴 표현상의 오류를 수정하는 일은 예나 지금이나 출판물의 가치를 높이는 데 있어 중요한 일 중 하나다.

아주 옛날로 거슬러 올라가면 교정은 가치뿐만 아니라 출판물 존재 자체를 좌우할 수 있는 매우 중요한 역할을 담당했다. 교정 교열의 중요성을 말할 때 '간음 성서'라는 심상치 않은 기운이 느껴지는 일화를 자주 예로 든다.

1631년에 영역된 성서에서 어처구니없는 실수가 나온 적이 있다. 문제가 된 것은 구약성서의 〈출애굽기〉에서 모세의 십계명 'Thou shalt not commit adultery(너희는 간음하지 말라)'에서 'not'이 빠졌던 것이다. 이대로라면 '간음하라'가 되어버리기 때문에 이 성서는 모두 불태워졌다. 교정자에게는 엄중한 처분이 내려졌다고 하니 교정 교열은 목숨을 건 일이기도 했다.

많은 작가들은 야히코 씨가 부장을 맡았던 신초샤의 교열부를 매우 신뢰한다. 근래에 많은 출판사가 원가 절감을 이유로 교열 전문부서를 없애고 외주 교열자에게 의뢰하는 경향이 많아졌는데 신초샤는 사내 교열부를 의식적으로 유지해가는 출판사기 때문이다.

신초샤에서 많은 논픽션과 소설을 출판하고 있는 작가 이시이 고타(石井光太)가 트윗에 신초샤 교열부가 얼마나 섬세하게 교열 하는지 소개해 화제가 된 적이 있다. 그는 트윗에 "신초샤의 교열은 변함없이 엄격하다. 소설 속 묘사에서 그저 '눈이 부실 정도의 달빛'이라고 썼을 뿐인데 교정지에 'OK, 지금 2012년 6월 9일도 보름달과 하현달 사이'라는 메모가 달려 온다. 이 프로의 식!"이라고 올린 것이다.

또 치쿠마쇼보에서 출간된 《오식독본(誤植読本)》을 보면 나오키상 수상 작가인 후지타 요시나가(藤田宜永)도 이렇게 얘기하고 있다. "(신초샤의 교열부는) 실로 세심하게 점검한다. 파리의 거리 이름도 모두 조사한다. 사소한 계절 차이에 대해서도 의문을 제기한다. 단순한 실수뿐만 아니라 내용을 완전히 파악하지 못하면 찾아낼 수 없는 실수에도 물음표가 붙어 있곤 하다."

작가들의 이런 체험을 들으니 나도 신초샤에서 《생명을 이은 길》이라는 책을 출간했을 때 일이 떠오른다. 동일본 대지진 이후의 도로 복구 작업을 주제로 쓴 이 책은 산리쿠 연안을 가로지르는 45번 국도 작업을 담당한 사람들의 모습을 그린 논픽션이다. 등장하는 인물이 많을 뿐만 아니라 대해일 경보가 울린 일시와 날씨, 복구에 걸린 시간, 그 지역의 역사적인 내력 등으로 복잡한 작업을 요하는 책이었다. 교정쇄를 받아드니 장면 하나하나에 확인 표시가 되어 있고, 때로는 앞에서 나온 내용을 지적하며 자료와 함께 적어놓는 등 사실과 모순된 점이 없는지 일일이 메모해놓은 게 인상적이었다.

저자는 당연히 자신의 원고에 잘못이 없도록 세심한 주의를 기울여야 하지만 부주의로 생긴 실수나 착각이 있을 수 있으므로 초교 단계부터 수없이 많은 모순이 발견되곤 한다. '간음 성서'처럼 불태워지진 않더라도 추리소설이라면 그것이 트릭 자체의 성립과 관계되기도 하고, 논픽션 역시 어떤 사실에 대한 단 하나의 오류가 후세까지 그대로 남거나 치명적인 결함으로 고착화되는 경우도 많다. 그런 의미에서 저자로서는 세세하게 교정 교열을 해주는 것만큼 고마운 일은 없다. 그러나 저자는 교정자와 교정쇄를 주고받을 뿐 실제로 얼굴을 맞댈 일도 없고 이름도 모른 채 지나가는 게 일반적이다.

앞에서 말한 《오식독본》에서 편집자인 쓰루가야 신이치(鶴ヶ谷真一) 씨는 "교정이란 잘못이 하나도 없으면 아무도 그런 존재를

눈치 못 채지만, 오자가 하나라도 나오면 바로 사람들 눈에 띄는 그야말로 손해 보는 일이다"라고 말한다. 교정 교열자는 책의 가치를 그늘에서 떠받쳐주는 주역이며, 평상시에는 독자가 의식하지 못하는 출판문화의 기반 역할을 하는 존재다.

그러면 그들은 어떤 현장에서 어떤 생각을 가지고 일을 할까? 야히코 다카히고 씨를 찾아온 건 그 질문에 대한 답을 알고 싶었기 때문이다.

홀로 하는 고독한 작업

술을 마시면서 이야기를 듣기로 한 건 야히코 씨의 제안 때문이었다.

"그게 말이에요, 교열 일이 책상에 앉아 그저 원고만 읽는 일이기 때문에 편협하다고까지는 할 수 없더라도 남과 어울리지 않는 부원들이 많아요. 그러면 안 된다고 늘 말해왔죠. 이런 식으로, 될 수 있으면 사람들과 만나서 가능하면 술이라도 마시면서 친해져야 한다고요."

좋은 교열자가 되려면 술을 마셔야 한다—그 의미에 대해서는 나중에 다시 말하기로 하고 그전에 우선 교정 교열자는 어떤 일을 하는지 소개하고자 한다.

교정 교열은 대단히 고독한 작업이다. 옆에 원본 원고를 놓고 다른 한쪽에는 교정쇄를 둔다. 데이터 작업이 안 된 원고인 경우 교정쇄와 원고를 대조하는 일은 목 운동이라고 불릴 정도로 단순 작업이지만, 의문점이 들면 각종 사전이나 인명사전, 인터넷 등으로 내용을 일일이 확인해야 하는 난이도 높은 작업이기도 하다.

교정 교열을 해나가는 방법은 사람마다 조금씩 차이가 있는데 야히코 씨의 경우는 다음과 같은 순서대로 한다고 한다.

제일 먼저 교정쇄를 끝까지 술술 읽으면서 전체 내용을 파악한다. 이때 '이 원고는 무엇에 유의해야 할까?', '원고 수정을 위해 어떤 조사가 필요할까?' 등을 대충 파악하고 원고를 다시 한 번 꼼꼼하게 읽는다. '교열적인 읽기'의 기본은 내용의 사실 여부를 확인하고 문장의 모순점과 구성상 어긋남이 없는지를 중점적으로 살펴보는 일이다. 그런 다음 핵심이 되는 문장 속 고유명사, 연대적인 기술, 계절적인 기술, 시간적인 기술 등을 살펴는 것이다. 이들 항목이 나올 때마다 노트에 요지를 적어 놓는데 '어린잎이 무성하다'고 쓰여 있으면 '어린잎이 나오는 계절', '밖에 나가니 금목서(金木犀) 향기가 났다'고 되어 있다면 '9~10월쯤?' 같은 식이다.

"어린잎이 무성했는데 그 후 시간 경과가 나오지 않은 채 잎이 떨어지는 묘사가 나오면 이상하다고 생각해야 합니다. 핵심이 되는 항목이나 계절, 고유명사, 지명을 점검하고 파악하면서 읽어나가는 것도 중요하고요."

소설이나 논픽션같이 다른 장르라 하더라도 노트에 연표를 만드는 것 역시 중요하다. 특히 시대소설이나 역사소설 같은 경우는 커다란 종이를 준비해서 지역 이름이나 시간, 등장인물 등 주요 요소를 상세하게 적어놓아야 한다. 예를 들어 '루키우스', '하드리아누스' 같은 등장인물이 나오면 한 사람 한 사람마다 엑스축과 와이축으로 연령과 사건을 적어놓고 '10년 후' 같은 서술이 나오면 연령을 체크할 수 있도록 해야 한다. 이런 인물 관계도는 《로마인 이야기》같이 장대한 대하소설이라면 마치 열차 운행표처럼 복잡해진다고 한다.

이 기본적인 읽기에 더해 신초샤 교열부에서는 자신 있는 분야의 부원이 때로는 더 깊은 수준으로 원고를 꼼꼼하게 살핀다고 한다. 한시나 초서체를 읽을 수 있는 사람, 고전이나 고문서에 조예가 깊은 사람, 각종 외국어나 군사 분야에 강한 사람 등 분야마다 인재가 풍부해서 작품 내용에 따라 각자의 개성을 살려 나갈 수 있기 때문이다. 덧붙이자면 야히코 씨는 고전 문학에 자신이 있다고 한다.

"이름을 밝힐 순 없지만 어떤 저자가 자신의 소설에 유녀가 쓴 일기를 그럴듯해 보이게 써달라고 부탁한 적이 있습니다. 저자가 일기를 현대문으로 써서 유녀풍으로 고쳐달라고 교정쇄에 표시해놓았던 거예요. 그건 당연히 제 일이 됐죠. 하지만 고어 사전은 고어를 현대어로 바꾸기 위한 것이지 현대어를 고어로 바꾸는 작업을 위한 사전은 없어요. 그래서 치카마쓰 몬자에몬(近松門左衛門, 17세기 에도시대의 전통극 조루리 및 가부키 작가-옮긴이)의 작품과 동시대 문헌 여러 편을 열심히 읽고 유녀 대사를 흉내 낸 적이 있어요. 그것도 이제는 그리운 추억이 되었네요."

이런 일은 교열 작업의 범위를 넘어선 일이지만 여담으로 흘려버리기에는 아쉬운 신초샤 교열부만의 저력일 것이다.

각각의 작품 모두 이런 교열자들이 꼼꼼하게 읽고 수정하겠지만 내가 야히코 씨의 이야기를 듣고 감탄한 것은 신초샤는 이들 한 명 한 명의 전문성을 전제로 이중삼중으로 오류를 찾아내는 시스템을 만들어 교열부를 이끌어간다는 점이었다. 신초샤에서는 한 작품에 대해서 보통 초교와 재교를 담당하는 교열자가 한 명 있고 또 다른 교열자(외부 교열자인 경우가 많다)들이 각 단계에서 한 번 더 교정을 본다고 한다. 즉 한 권의 단행본을 세 명의 전문가가 네 번이나 확인하는 셈인 것이다.

또 교열부는 각종 잡지, 단행본, 문고, 기획 출판 등 분야마다 그룹이 나누어져 있기 때문에 문고화할 때는 단행본을 담당한 부원과는 다른 부원이 다시 한번 체크한다. 야히코 씨가 "이건 신초샤만의 뛰어난 점이라 생각하는데요……"라고 말했듯 잡지 연재를 단행본화할 경우 연재 때부터 문고화되기까지 적어도 다섯 명 이상의 교열자가 교정쇄를 보는 것이다.

'다다미의 먼지와 오자는 두드리면 두드릴수록 나온다'는 격언이 있다.

"그렇게 교정을 보는데도 계속 오자가 발견되니 정말 질릴 노릇이에요" 하며 야히코 씨는 쓴웃음을 짓지만 한 작품에 대한 이런 세심함은 '신초문고'를 비롯한 신초샤 출판물 브랜드를 지탱하는 주요한 요소인 것이다.

교정쇄를 통해 저자와 대화하다

그가 "좋은 교열자가 되려면 술 마시러 가라"고 말해온 것은 교정 교열이라는 작업이 오자와 실수를 찾아내는 기술임과 동시에 교정쇄를 통해 저자와 대화하는 것이라고 생각하기 때문이다.

"예를 들어 우리는 어떤 말에 대해 '이건 사전에 없는데요' 하고 의문을 표합니다. 하지만 저자 중에는 '사전에 있건 없건 지금 여기에선 이 말을 쓰고 싶다'는 강한 의지를 가지고 있는 사람도 있어요. 그러므로 단지 밑줄 하나 긋고 없는 단어라고 간단하게 의문을 표하는 건 실례라고 생각합니다.

다시 말해 저자가 쓴 원고와 조금 거리를 두고 의문을 가지는 게 중요하다는 겁니다. 편집자와 달리 우리는 작가와 얼굴을 마주하지 않고, 작가 또한 우리 이름조차 알지 못해요. 교정쇄를 주고받으면서 작가와 함께할 뿐입니다. 그러므로 의문을 표할 때도 하나하나 주의 깊게 해야 합니다. 그건 그 작가가 다음에도 우리 출판사에서 자신의 작품을 출간할지와도 직결되는 일이니까요."

그건 시오노 나나미의 많은 작품이 신초샤에서 출판되고 교열자로 야히코 씨를 지목하는 것과 무관하지 않을 것이다. 저자에게는 교정쇄를 통해 소통하는 교열자 역시 편집자와 마찬가지로 그 출판사를 대표하는 사람이기 때문이다.

야히코 씨는 최근에 이런 일이 있었다며 한 가지 사례를 들려주었다. 그것은 교정자와 저자와의 소통이 얼마나 중요한지에 대한 일례라 할 수 있다.

어느 시대소설을 교열하고 있을 때 일이다. 교정쇄를 읽고 있는데 '모에기이로(萌木色, 연둣빛, 노란색을 띤 파란색이라는 의미임-옮긴이)'라는 단어에 미심쩍은 점이 있었다.

'분명 모에기이로는 모에기(萌葱)라는 한자를 쓸 텐데.'

이렇게 생각한 그는 쇼가쿠칸의 《일본 국어 대사전》—용례의 출전과 어지(語誌, 말 하나하나의 기원, 의미, 용법의 변천에 대해 자세히 쓴 것-옮긴이)가 나와 있기 때문에 가장 신뢰하는 사전이다—을 펴서 '모에기(もえぎ)'를 찾아보았다. 그러자 '萌葱(맹총)', '萌黄(맹황)'

외에 '萌木(맹목)'이라는 단어도 있는 걸 확인했으나 '모에기이로 (もえぎいろ)'는 생각했던 대로 萌葱色(맹총색)이나 萌黄色(맹황색)이 라고 나와 있었다. 주변에 있는 다른 사전들도 똑같았기 때문에 '葱 혹은 黄이 아닐까요?' 하고 의문을 표해보기로 했다(《일본 국 어 대사전》제2판에서는 뒤에 나오는《데이조잣키貞丈雜記》를 예로 들어 '모에기 이로萌木色'에 대한 용례도 들고 있다. 여기서는 초판을 토대로 한다).

그 후 얼마 지나지 않아 저자의 교정쇄가 돌아왔는데 다른 의 문점에 대해서는 대부분 수정안을 받아들인 반면 모에기이로에 대해서만은 '여기는 木 그대로 해주기 바란다. 이전에 어떤 책에 서 이 글자가 사용된 걸 봤다'고 되어 있었다.

교열자로서 야히코 씨의 의욕이 불타오를 때는 바로 이런 경 우다. 이에 대해 다시 조사하면서 그는 우선 모즈메 다카미(物集 高見)가 엮은 전 20권으로 구성된《고분코(広文庫)》(1916~1918년에 고분코 간행회에 의해 간행되고 1935~1937년에 개정판이 간행되어 유포된 백 과사전-옮긴이)와 다니카와 고토스가(谷川士清)가 쓴 에도시대 사 전인《와쿤노시오리(和訓栞)》를 서고에서 꺼내왔다.

"그랬더니 에도 중기의 유소쿠고지쓰(有職故実, 일본에서 예로부터 내려오는 선례에 따라 관직이나 의식·예복 등에 관해 연구하는 학문을 가리키는

말-옮긴이) 연구가인 이세 사다타케(伊勢貞丈)가 저술한《데이조잣키》에 '모에기(もえぎ)를 萌黃, 萌葱이라고 쓰는 것은 잘못이고 萌木이 바르다, 색을 말할 때도 萌木色이라고 써야 한다'는 기록이 있었던 겁니다. 또《고분코》에서도 그러한 기록을 찾아냈고 《와쿤노시오리》에도 萌木色이라고 쓰고 있더군요. 저는 깜짝 놀라서 저자에게 바로 편지를 썼습니다. '萌木色이 가장 바르다고 말한 학자가 분명히 있었습니다'라고."

그런 것을 발견할 때야말로 교열 일을 하고 있는 자신이 정말 좋다고 생각하는 순간이라며 야히코 씨는 말을 이어나갔다.

"저자는 예전에 이 원전을 읽은 적이 있거나 아니면 원전을 인용한 뭔가를 봤겠지요. 이런 일이 있기 때문에 가까이에 있는 사전만 믿고 안이하게 의문을 표해서는 안 됩니다. 사전 편찬자가 그 단어를 쓰지 않으면 더 이상 그 단어를 거슬러 올라가 조사할 수 없게 됩니다. 예전에는 옳다고 했던 단어가 무슨 이유에선가 사라져버리는 경우도 있거든요. 저자가 그 단어를 고집한다면 역시 거기엔 뭔가 의미가 있기 때문이라고 우선은 생각해야 해요.

이처럼 교열자는 저자 입장에서 원고를 파악하는 것이 무엇보다 중요합니다. 문자와 어구 통일 같은 건 둘째 문제인 거죠. 저자 입장에 서기 위해서는 가능한 한 견문을 넓히고 다른 사람들과 대화하는 시간을 가져야 합니다. 집과 회사만 오가서는 뛰어난 교열자가 될 수 없어요. 그래서 좋은 교열자가 되는 법을 물어올 때마다 한마디로 '술 마시러 가라'고 말해온 겁니다."

그러면 야히코 씨의 이런 교열철학이라 할 수 있는 자세는 어떻게 길러진 것일까?

문학의 열기가 넘치는 출판사

야히코 씨가 신초사에 입사한 건 1970년, 거리가 소란스럽던 시절이었다. 다카다노바바의 아파트에서 야라이초에 있는 사옥까지 걷다 보면 안보투쟁 운동하는 학생들이 많이 보였다. 입사 전에는 기동대에게 돌을 던진 한 무리에게 발사된 최루가스를 들이마시고는 눈물을 흘린 적도 있었다.

1970년 11월은 미시마 유키오(三島由紀夫)가 자위대 이치가야

주둔지에서 궐기를 촉구하며 할복자살로 생을 마감한 '미시마 사건'이 일어난 해다. 미시마의 책을 다수 출판하고 있던 신초샤도 벌집을 쑤셔놓은 듯 소동이 벌어졌고 다음 해까지 미시마의 작품은 날개 돋친 듯 팔려나갔다. 야히코 씨는 그런 시기에 교열 부원으로서 첫 1년을 보냈다.

나가노현 출신인 그는 고교생 시절부터 《고지키(古事記)》나 《만요슈(万葉集)》 같은 걸 읽기 좋아하는 소년이었다. 현대문학보다 고전문학을 좋아했고 이과 과목은 아주 질색을 했다. 물리나 화학 시간이 되면 늘 장작 난로 당번을 자청하곤 했다며 미소를 지었다.

그가 졸업한 마쓰모토후카시 고교는 다소 거친 교풍으로 유명한 학교여서 영하 10도까지 내려가는 눈 내리는 날에도 나막신을 신고 다녀야 했다. 《고지키》나 《만요슈》를 겨드랑이에 끼고 나막신을 신고 한겨울 눈 위를 걷는 남자가 바로 그였다.

대학에서는 국문학을 공부할 생각으로 고쿠가쿠인 대학 문학부에 입학했다. 학생 시절에 가도카와쇼텐에서 사전 편찬 아르바이트를 한 경험도 있고, 그는 왠지 모르게 출판사에서 일하는 걸 꿈꾸게 되었다고 한다. 치쿠마쇼보를 창업한 후루타 아키라

(古田晁)의 고향인 시오지리시(예전의 치쿠마군) 사람인 것도 출판업계에 마음이 끌린 이유 중 하나였다.

"그즈음 가도카와쇼텐은 경기가 나빠 신규 졸업자 채용이 전혀 없었고, 치쿠마쇼보도 비슷한 상황이었습니다. 다만 치쿠마쇼보에서는 동향이라는 인연 때문인지 후루타 씨로부터 직접 연락을 받았죠. 후루타 씨는 이렇게 말씀하시더군요.

'미안한데 채용은 어렵겠네. 사실 지금 교정자가 한 명 필요하긴 하지만 교정이라는 일…… 그건 굉장히 어려운 일이라 경험자를 채용하려고 하네. 자네 같은 신규 졸업자는 무리라서 말일세. 미안하네.'

이때 처음으로 '교정'이라는 단어를 알게 되었지요. 교정이 뭐지? 하고 생각한 건 그때가 처음이었습니다."

그가 신초샤 교열부에 지원한 건 그 후 몹시 어려운 상황일 때 찾아간 학생과에 모집 요강이 와 있었기 때문이었다. 당시에는 취직할 때 응모자격 중 학장 추천이나 학부장 추천이 필요한 경우가 많았는데 우(優)의 수(일본의 대학은 우優, 양良, 가可, 불가不可 4단계로 성적을 표시한다–옮긴이)에게만 할당되는 구조로 카프카 전집(카프카는 일본어로 가후카로 발음되는데 일본어로 可는 '가', 不可는 '후카'로 발음

되는 걸 이용한 일종의 언어유희다-옮긴이)이라고 자조하던 성적으로는 추천받을 수가 없었던 것이다.

상담 직원은 한참을 생각하더니 말했다. "신초샤는 추천이 필요 없으니 자네가 지금 당장 응시할 수 있는 곳은 여기밖에 없어. 신초샤에 지원해보면 어떻겠나?"

"그래요? 알겠습니다."

상담실을 나오려는 야히코 씨에게 직원은 다시 한번 이렇게 말해주었다.

"좋은 회사야. 가족적이고 말이지."

신초샤는 당시부터 편집부문과 교열부문 시험이 나누어져 있었다. 현재의 입사시험문제는 육필원고와 활자로 인쇄된 교정쇄를 대조하거나 교정쇄만 쭉쭉 훑으면서 의문점이나 오류를 잡아내 실제로 교정 작업을 하게 한다. 시험문제는 각각 소설과 논픽션 문제를 준비한다. 덧붙여 일반교양 문제도 출제된다. 야히코 씨가 시험 볼 때는 교정 실기는 없었고 전 학과 공통으로 작문 문제, 그리고 문학 계열과 언어 계열 문제가 있었다고 한다.

면접 당시 사토 료이치(佐藤亮一) 사장에게 다음과 같은 질문을 받았다고 한다.

"자네 오에 겐자부로(大江健三郎)에 대해 어떻게 생각하나?"

몇 년 전 신초샤에서 오에 겐자부로 작품집이 출간되었는데 사장은 대학생들의 평판에 꽤 신경 쓰는 것 같았다. 중역 중에서 혼자만 40대인 그는 활력이 넘쳤으며 날카로운 시선은 학생들에게로 향해 있었다. 다행히도 야히코 씨는 소설가를 지망하는 친구 집에서 우연히 오에 겐자부로의 작품을 띄엄띄엄 읽은 적이 있었기 때문에 간단하게 작품에 대한 감상평을 말할 수 있었다.

소설지(小說誌, 소설을 전문적으로 게재하는 잡지. 월간지도 있고 계간지도 있다. 문예춘추가 발행하는 《올요미모노》도 월간 소설지다-옮긴이)에는 '제3의 신인'이라고 불리던 엔도 슈사쿠(遠藤周作)와 요시유키 준노스케(吉行淳之介), 그리고 그다음 세대에 해당하는 이시하라 신타로(石原慎太郎)와 가이코 다케시(開高健) 같은 이름이 줄지어 있었다. 그가 사토 사장이 한 질문을 지금도 인상적인 질문으로 기억하는 건 그 질문에서 문학이 잘나가던 시절의 열기를 느꼈기 때문이기도 하다. 실제로 신초사에 입사하고 한동안은 문예 색이 너무 강해 그 분위기에 압도당하기도 했었다.

"베테랑 편집자들이 워낙 무서워서 말이에요." 야히코 씨는 그때가 그리운 듯이 말했다.

"어쨌든 편집자가 작가보다도 위대하다고 느꼈을 때니까요. 담배 연기가 자욱하게 긴 편집부에서는 사이토 쥬이치(斎藤十一) 씨나 노히라 겐이치(野平健一) 씨 같은 작가 이상으로 유명한 편집자들이 있었는데 작가들조차 함부로 하기 힘든 사람들이었지요. 그들이 키운 편집자들은 모두 문학을 직업으로 삼고 있다는 걸 자랑스러워하는 듯했어요."

편집자들은 소설가들과의 친분을 무엇보다 소중히 여겼으며 본인도 어딘지 문학가 같은 풍모를 지니고 있었다. 그들은 술집으로 몰려다니면서 한밤중부터 아침까지 작가론이나 문학론을 둘러싼 격론을 주고받았다.

"지금은 그런 분위기가 없지만 그 시기에 교열부로 들어온 내게는 그런 분위기가 출판사 하면 떠오르는 하나의 풍경으로 남아 있습니다."

야히코 씨는 그때를 떠올리면서 "학생과에서 그랬듯이 가족적이고 가내수공업 같은 분위기였지요"라고 말했다.

특히 소설지는 창업자인 사토 요시스케(佐藤義亮) 씨의 정신이 아직 강하게 남아 있어서인지 분명히 사토 상회 같은 친밀한 분위기가 있었다. 경영진은 직원 한 명 한 명에게 친절했으며 그가 소속되어 있던 소설 신초 편집부에서는 특별호가 출판되는 날이면 격려금까지 나왔다. 그 돈은 전무의 사비 같았는데 책상 서랍에서 지폐 다발을 꺼내 편집부원에게 나누어주곤 했다.

"자네들, 이걸로 가구라자카에 가서 한잔하고 오게."

입사 2년 차인 신참 교열부원에게까지 격려금이 주어지는 것에 그는 감동할 수밖에 없었다. 첫 월급이 38,000엔이었던 시절. 감사히 받은 5,000엔을 꼭 쥐고 나가 동료들과 술을 마셨다. 그런 나날을 보내면서 그는 서서히 신초샤에 애정을 느꼈고 신뢰할 수 있게 되었다.

교열에 무게를 두는 회사

신초샤 교열부에는 신입사원을 양성하는 제도가 있다. 이제 막 입사한 신입 교열부원은 대부분 '신초'나 '소설 신초'에 먼저 배치시켜 선배 교열부원과 함께 일을 하게 한다.

"한때는 편집부원도 교열부에 배치시켜 교열을 배우게 했던 시기도 있었습니다. 하지만 편집자를 하겠다고 마음먹고 입사한 신입에게 교열을 시켜보니 아무것도 못 하고 멍하니 있을 뿐이라 도리어 역효과가 나더군요. 오히려 편집을 배우고 나면 교열의 중요성을 이해하게 되지만 말예요. 그런 이유로 신초샤에서도 편집자는 편집자, 교열자는 교열자로 명확하게 역할을 나누게 된 겁니다."

원고에 오류가 생기는 경향이나 점검해야 할 점에는 일정한 패턴이 있다. 예전에는 육필원고였기 때문에 쓰면서 생기는 실수가 많았고, 활판인쇄 시대기도 했기 때문에 문선 단계에서 글자를 잘못 고르거나 활자 자체가 불량품이어서 글자에 흰 줄이 난 것 등을 골라내는 것도 중요한 작업 중 하나였다. 워드프로세서가 보급된 후에는 문서를 변환하면서 생기는 실수를 발견하는 것에도 요령이 필요했다.

신입 부원은 1년 정도 선배 교열부원이 하는 일을 옆에서 지켜보면서 기본적인 교정 교열 기술을 익혀간다. 《신초 45》(2015년 2월 호)에서 다룬 특집 〈출판문화야말로 나라의 근간이다〉에서 신초샤의 상무이사인 이시이 다카시(石井昂) 씨가 '교열자는 입사 후 20년은 되어야 제 몫을 한다'라고 썼을 정도니, 그것은 그 후 교열부원으로서 오랜 경력을 쌓아가는 작은 출발점에 지나지 않았던 것이다.

야히코 씨가 처음 입사했던 시절에는 지금 같은 사원교육 시스템이 없었다. 교열부는 사옥 4층에 있었는데 '예술 신초'와 '신초' 편집부와 같은 층이었다. 사무실에는 온갖 백과사전류와 사전, 연감류가 산더미처럼 쌓여 있었고, 부원들은 묵묵히 원고와 교정쇄를 대조하는 작업을 하고 있었다.

"교열이란 게 어떤 일인지도 몰랐고 그 일에 대한 아무 경험도 없었지요."

그는 입사하자마자 바로《맥아더의 일본》이라는 제목의 두꺼운 교정쇄를 건네받았다.《주간 신초》에 연재된 2단으로 편집된 약 400페이지짜리 단행본이었는데 우선 이걸 교정해보라는 것이었다.

"하지만 아무도 교정 일을 가르쳐주지 않는 혹독한 시절이었지요. 원래는 노트에 적으면서 연호를 조사하거나 사실관계를 확인해야 하는데 처음엔 어떻게 해야 할지 몰라서 그저 멍하니 쳐다보고만 있었어요. 얼마 지나지 않아 부서의 담당자가 '어느 정도까지 진행되었나요?' 하고 물어봐서 '뭘 하면 되는데요?' 하고 되물어볼 지경이었다니까요. 본격적으로 교열 일을 배우기 시작한 건 '소설 신초'로 옮기고 나서부터였습니다."

지금 되돌아보면 야히코 씨는 같은 교열부 선배 사원보다 오히려 편집부에 있던 편집자들에게 교열을 배웠다며 말을 이어갔다.

"그도 그럴 것이 제가 입사했을 때는 소설지 편집자는 해당 작가의 작품을 직접 교열했거든요. 그들은 요즘의 뛰어난 교열부원을 능가하는 교열자였습니다. 우리도 편집자에게 '누구야? 이거 읽은 사람!' 하고 혼나면서 일을 배웠죠. 교열을 중요하게 생각하는 사람들이 그만큼 많았을 때였죠."

그렇다면 교열에 중점을 두는 사풍은 도대체 어디에서 온 것일까? 이시이 다카시 씨도 교열부는 많은 사원을 거느리고 있는데다 외부 교열자도 고용해야 해서 연간 8억 엔이나 되는 경비가 든다고 지적하고 있다. 왜 신초샤는 현재까지도 교열을 그토록 소중히 해온 것일까? 그 이유를 묻자 그가 대답했다.

"신초샤에서 출간되는 모든 출판물은 신초샤의 교열자가 직접 본다는 시스템을 갖춘 거죠. 신초샤에 그런 전통이 있는 건 창업자인 사토 요시스케(佐藤義亮) 자신이 편집자인 동시에 예전에 인쇄소에서 근무했던 교정자였기 때문이기도 해요."

문학으로 살아가다

신초샤의 창업자인 사토 요시스케는 일본 출판 역사에서 입지전적인 인물이다. 그는 1878년에 아키타현 센보쿠시의 가쿠노다테마치에서 태어났다. 《사토 요시스케전》를 쓴 무라마쓰 쇼후(村松梢風)에 의하면 본가는 그 마을에서 잡화점을 운영하고 있었고 아버지는 선반에 진열된 상품에다 《논어》에서 뽑은 말을 써 붙이곤 하던 괴짜이자 그 지역에서는 흔치 않은 독서가였다고 한다.

아버지가 구독하던 신문이나 불교 잡지를 읽으며 자란 사토 요시스케는 청년이 되면서 문학을 목표로 하게 됐고 하쿠분칸에서 발행된 잡지 《후데센조》에 투고하기 시작했다. 그러던 중에 청일전쟁이 일어나고 신문이나 잡지에 게재되는 저명한 전쟁 특파원의 글을 읽으며 '피비린내 나는 전쟁터에서도 한 자루의 붓은 사람의 마음을 뛰게 하고 흥분시킨다'는 걸 느꼈으며 문학을 향한 열정을 억누르지 못하고 친구 두 명과 함께 열여덟 살 되던 해에 도쿄로 올라오게 된다.

신문배달과 우유배달로 겨우겨우 생활을 이어가던 그는 어느 날 이치가야에 있던 수영사(현 다이닛폰인쇄)의 인쇄공장 입구에서 직공을 모집하는 벽보를 발견하게 된다. 때마침 수영사가 자사 최초의 활자체인 '수영체'를 개발할 무렵이었다. 수영사에 입사한 사토 요시스케가 가장 처음 소속되었던 곳은 인쇄부였다. 묵직한 손잡이를 잡고 인쇄기를 돌리는 일과 잉크통을 세척하는 일은 짐승처럼 혹사당하는 일이었지만 노동을 마치고 일당으로 15전을 받으면 가구라자카에 있는 서점으로 달려가 책이나 잡지를 사 탐독했다. 말하자면 그곳이 요시스케의 서재였던 것이다.

그런 그에게 전환기가 찾아왔는데 다오카 레이운(田岡嶺雲)이 주간을 맡고 있던 문학 잡지 《세이넨분》에 사토 킥코(佐藤橘香)라는 이름으로 투고한 짧은 글이 투고란 제일 위에 실린 것이다. 그는 이 사실을 아무에게도 말하지 않았고 또 기쁨을 함께 나눌 친구도 없었지만, 어느 날 수영사 지배인에게 불려갔다고 한다. 지배인의 책상에는 《세이넨분》이 놓여 있었는데 그때의 모습을 다음과 같이 소회하고 있다.

"자네에겐 킥코라는 이름도 있는가?"
"예."

"그럼 이《세이넨분》에 실려 있는 논문은 자네가 쓴 거고?"

"그렇습니다."

요시스케는 바짝 얼어서 쉰 목소리로 대답했다. 입안에 있는 침한 방울까지 모두 말라버릴 것 같았다.

"역시 자네였군. 명문장이야. 감탄했네."

지배인은 밝게 미소 지었다. 그는 다시《세이넨분》을 손에 들고 책장을 넘기면서 이렇게 뛰어난 글재주가 있는 사람을 최하급 직공으로 일하게 내버려 두다니 자신이 어리석었다고 말했다.

-《사토 요시스케전》중에서

사토 요시스케는 그날부로 교정 부서로 이동했고 일당은 순식간에 30전이 되었다. 교정 부서에 들어가면 많은 작가들의 원고를 직접 만지고 읽을 수 있었다. 아키타의 시골 마을에서 문학으로 출세하겠다는 꿈을 꾸며 상경한 10대 청년에게 그건 얼마나 큰 기쁨이었을까?

요시스케는 오랫동안 동경의 대상이었던 오자키 고요(尾崎紅葉), 고다 로한(幸田露伴), 야마다 비묘(山田美妙齋), 사이토 료쿠(齋藤緑雨)를 비롯한 문단의 유명인 원고를 옆에 놓고 작품 교정 작업을 하는 동안 점차 출판 사업에 관심을 두게 되었다. (중략) 교정 일을 하는 동안 자연스럽게 출판이나 인쇄에 대해 지식을 쌓게 되었고 문단의 움직임도 알게 되었다. 그러다 보니 출판 사업에 대단히 흥미가 생기고 신문학이 시작되는 기회를 타고 문학 잡지를 만들어보겠다는 결심이 섰다. 요시스케는 비로소 확고한 인생 목표를 세울 수 있었던 것이다.

—《사토 요시스케전》 중에서

그 후 음식 찌꺼기로 굶주림을 견디면서 절약해 자금을 모았고 그 열정을 지켜본 하숙집 주인이자 수영사 인쇄부장 아내의 도움으로 열아홉 살 되던 해에 잡지 《신세이》를 창간했다. 이때 우시고메에 세 들어 있던 다다미 6장짜리(약 3평) 방이 오늘날 신초샤의 출발점이 된 것이다.

"요컨대 사토 요시스케는 인쇄소 출신이었기 때문에 문예지를 시작할 때 활자에 대해 이상할 정도로 열정이 있었던 거예요. 어쨌든 그는 그 후에도 스스로 주필을 맡고 오랫동안 교정을 봤을 정도였으니까요. 창업자 스스로가 교정자였던 것이 신초샤의 전통이 됐던 거라고 생각해요."

야히코 씨의 부연 설명이다.

사고의 흐름을 느낄 수 있는 육필원고

야히코 씨는 처음에는 단행본 부서에서 《맥아더의 일본》을 교열하다가 얼마 지나지 않아 '소설 신초'의 교열부원이 되면서 본격적으로 교열 경험을 쌓기 시작했다.

"소설지를 내면 엄청나게 팔리는 시대라서 활기가 넘쳤지요."

시바 료타로, 마쓰모토 세이초, 구로이와 준고(黑岩重吳), 미즈카미 쓰토무, 이케나미 쇼타로(池波正太郎)나 고미 야스스케……잡지에 이름을 나란히 하는 작가들이 써 내려간 원고를 교정쇄와 비교하며 교정을 보는 나날이 계속되었다.

아직 잉크 냄새가 가시지 않은 원고지 앞에서 일하고 있으면 뭐라 말할 수 없는 긴장감이 느껴졌다. 그건 작가들이 손으로 쓴 육필원고를 앞에 두었을 때만 느낄 수 있는 특유의 현장감이었다는 생각이 들기도 했다고 한다. 작가들의 원고를 읽고 있으면 각각의 글자에 따라 특별한 형태가 보였고 펜 끝에 가해지는 작가의 필압이 느껴졌기 때문이다.

"작가가 A라는 문장에 선을 긋고 B라는 표현으로 고쳐놓았는데 뒤 페이지에도 같은 표현이 나오면 저자는 어쩌면 B라는 표현을 여기에도 쓰고 싶었던 게 아닐까 하는 사고의 흐름 같은 걸느낄 수 있는 겁니다. 전에는 그렇게 손으로 쓴 글씨를 통해 사고의 흔적을 읽는 것 또한 중요했지요."

말하자면 교열작업에서 제일 좋은 자료가 되는 것이 작가들의 육필원고. 그들의 사고의 흐름을 느끼면서 자신도 하나가 되어 그 소설 세계로 들어갈 때의 도취감.

"그건 귀중한 체험이었고 그런 체험이 교열자들을 키워나간 부분도 있었다고 생각합니다."

그러므로 교열부원으로 살아온 그의 가슴에는 작가들의 다양한 육필원고가 새겨지듯 남아있다고 한다.

예를 들면 야규 쥬베이(柳生十兵衛, 에도시대의 검호. 역사를 잘 모르는 사람도 검호라 하면 야규 쥬베이를 떠올릴 정도로 유명하다-옮긴이)를 그린 검객소설로도 유명한 다자이 오사무(太宰治)와 요코즈나(씨름꾼 최고의 지위-옮긴이)인 미나노가와(男女ノ川)와 함께 '미타카의 삼대 기인'이라고 불린 고미 야스스케는 원고를 고칠 때 흔히 하듯 굵은 줄을 그어 본문 바깥쪽에 교정문을 쓰지 않고 다른 원고지에 다시 써서 가위로 자르고 풀칠을 해서 원고를 작품처럼 만드는 사람이었다. 또 원고에는 빨간색 연필과 파란색 연필로 '줄바꿈', '붙이기' 등 지시사항을 세세하게 써놨으며, 예전에 인쇄소에서 일한 경험이 있는 작가답게 원고를 꼼꼼하게 해서 보내왔다. 가위와 풀을 옆에 놓고 원고를 쓰는 그의 모습을 상상하면 교열작업을 할 때도 저절로 열정이 솟아올랐다.

이케나미 쇼타로 역시 원고에 빨간 연필과 파란 연필을 활용하여 실로 정성을 들였다.

"그 작가의 원고는 첫 장에 '여기는 세 줄 띄움'이라고 써놓으면 그걸로 교정이 끝날 정도로 완벽했습니다. 게다가 빨랐죠. 연재할 때도 반드시 한 회 분량을 더 보내왔거든요. 여분이 항상 준비되어 있는 상태여서 일하기 편한 분이었어요."

한편 힘들었던 사람은 마쓰모토 세이초와 이노우에 히사시(井上ひさし)였다고 한다.

이노우에 히사시는 무엇보다 글 쓰는 속도가 느려서 야히코 씨가 '소설 신초'에 있을 때는 "또 한 줄 왔습니다" 하는 식으로 편집자가 인쇄소에 원고를 넘긴 일도 있었다고 한다. 다만 그렇게 원고를 넘길 수 있었던 건 원고 내용에 오류가 없고 글자도 정성스러웠기 때문이다. 작가 중에는 서예에서 연면체(連綿體) 같이 글자가 이어져 있는 듯한 작가도 있고, 신초샤 사내에서도 일부 직원을 제외하면 읽을 수 없는 악필인 작가도 있었으며, 그런 곡예조차 아예 불가능한 작가의 원고도 많았다.

"마쓰모토 세이초 씨는 원고가 늦는 데다 의외로 원고 속에 오류도 많아서 교정 작업이 어려운 작가 중 한 명이었어요. 의외라고 생각될지 모르지만 세이초 씨는 전후좌우와 시간적인 기술을 대충 써서 그 부분을 제대로 읽지 않으면 안 되었거든요. 그래서 전 지금도 그가 《제로의 점》을 썼다는 게 믿어지질 않아요. 느긋한 분이라 틀린 걸 지적해도 '그래? 그랬나? 고쳐주게나' 하곤 했죠."

그리고 마지막으로 강한 인상으로 남아있는 것이 시바 료타로의 원고다.

시바 료타로의 원고는 일곱 가지 색으로 칠해져 있었다고 한다. 내용은 오류 없이 치밀했지만 원고지는 수정한 부분 때문에 빽빽했다. 그 방식이 꽤나 흥미로웠는데 그는 원고지의 중간 정도에 본문을 쓰고 미리 확보해둔 본문 바깥쪽 여백에 정정할 내용을 기재해두었다. 그때 빨간색이나 파란색뿐만 아니라 녹색과 분홍색, 보라색 펜까지 사용했기 때문에 원고지는 마치 여자아이의 편지처럼 화려했다.

"편집자가 그 원고의 글자 수를 열심히 계산하면 대략 한 장 분량인 400자인 거예요. 굉장한 기술이었습니다. 도대체 이 작가의 머릿속은 어떻게 되어 있을까 하고 생각했었지요."

그런 개성 넘치는 작가들과 원고를 통해 소통하는 동안 야히코 씨는 교열부원으로서의 보람과 높은 직업의식을 가지게 되었다. 편집자와 함께 교열부원은 작가의 원고를 처음 읽는 독자인 동시에 무거운 책임을 느껴야 했기 때문이다. 게다가 편집자가 세상에 원고를 내보내는 쪽이라면 교열부원은 독자 쪽에 서서 원고를 읽는 중대한 역할을 담당하는 것이다.

"다양하게 알지 못하면 작가에게 지는구나 하고 느꼈습니다. 교정쇄를 통한 싸움이라고나 할까요. 작가들이 모르는 걸 내가 지적해줘야지 그런 생각이 끓어오르지요."

모두가 작품을 진지하게 세상에 내놓으려 하고 있다. 작가가 쓰고 편집자와 교열자가 읽고 그들이 지적하는 의문에 작가가

답한다. 그건 작가를 위한 것인 동시에 무엇보다도 독자를 위한 일이기도 하다. 그는 교열을 직업으로 하는 사람으로서 그런 자부심을 가지게 되었다.

이후 40년이 넘는 실무 경험 속에서 그는 《주간 신초》와 문고, 단행본 등으로 담당 부서를 옮겨 다니다가 마지막에는 신초샤 교열부 부장을 지냈다. 그리고 지금도 여전히 외주 교열자로서 교정 일을 계속해오고 있다. 그는 그 시절을 떠올리며 말했다.

"지금 출판업계에서는 비생산적인 교열부문을 축소하려는 경향이 있습니다. 하지만 저는 교열부야말로 출판사의 양심이라고 생각합니다. 인터넷이 있고 모든 사람이 글을 쓰게 되었기 때문에 그 사회적 의미는 더 커지고 있는 거 아닐까요?"

교열은 출판사의 가치이며 양심인 것이다.

야히코 씨는 말을 끝내고 다시 술잔을 입에 가져다 댔다.

교열 인생 외길 40년, 그것이 그가 도달한 결론이다.

제4장

서체는
책의 음성이다

"한 권의 책 뒤에서, 눈앞의 화면 반대편에는
서체를 만들고 있는 개발자들이 있습니다.
서체의 아름다움이 느껴질 때 그들을 기억해주십시오."

서체란 무엇인가?

다이닛폰인쇄(DNP)의 수영체(秀英体) 개발실에 근무하는 이토 마사키(伊藤正樹) 씨는 이 질문에 답하려고 이따금 "음……" 하고 입을 떼려다가도 결국은 아무 말도 하지 못할 때가 많다고 한다. 내가 물었을 때도 그랬다. "음……" 하고 한참 생각에 잠기더니 "이 길로 들어서고 나서 날마다 생각하는데, 좀처럼 답이 나오지 않는 어려운 문제에요." 그러고는 참으로 난처하다는 표정을 지었다. 나는 그가 정직한 사람이라는 생각이 들었다.

그는 미리 준비한 꾸민 말을 쓰지 않고 어디서 들어본 듯한 다른 사람의 표현을 사용하는 일도 없이 어디까지나 자신의 말로 활자의 의미를 설명하려 했다. '이 질문에는 나만의 말로……'라고 말하지 않아도 그런 그의 마음이 전해져온다. 그것은 16년 동안 다이닛폰인쇄 활자에 몸담아온 그의 자부심이기도 한 것이다.

다시 자기 자신 속에서 답을 찾는 듯 침묵에 잠기더니 "말하자면……" 하고 말을 이어간다. "문자는 흔히 음성에 비유되지요. 우리가 말을 전달하기 위한 가장 대중적인 선택지는 음성이나 글자밖에 없습니다. 뉴스를 전하는 아나운서의 음성이 중요한 것처럼 서체 또한 음성이니까요. 거기엔 밝은 음성도 있고 위엄 있는 음성도 있습니다."

그렇다, 우리는 일상적으로 음성으로서의 글자를 접하고 있다. 무릎을 딱 치게 하는 표현이라는 생각이 들었다. 나쓰메 소세키의 소설을 읽을 때 "나는 고양이다. 아직 이름은 없다"로 시작하는 것과 "나는 고양이다. 아직 이름은 없다"로 시작할 때 독자가 받는 인상은 전혀 달라진다. 그런 의미에서 한 권의 작품이 주는 인상은 저자나 편집자에 의해서만 만들어지는 것이 아니다. 장정, 종이, 글자의 간격 등 책을 이루는 모든 요소가 조화를 이루어야 책은 비로소 하나의 작품으로 자립하는 것이다. 그중에서도 글자의 형태는 매우 중요한 역할을 담당하고 있다. 당연하지만 때로는 잊기 쉬운 중요한 사실인 것이다.

책뿐만이 아니다. 거리를 걷고 있을 때, 전철이나 버스를 타고 있을 때 홍수처럼 쏟아져 들어오는 정보성 광고에도 모두 목적에 맞는 서체가 사용되고 있다. 외치는 소리, 속삭이는 소리, 위압하는 소리. 제목은 큰 소리로 외치고 본문은 조용히 말한다.

"그러니까……" 이토 씨는 말을 이었다. "모든 것, 문학과 실용서도 교과서와 거리의 광고나 전단지도 그리고 우리의 헌법도 누군가가 만든 서체로 인쇄됩니다. 사실 서체가 좋은지 나쁜지에 따라 작품에도 영향을 줍니다. 그러므로 절대로 일을 무책임하게 해서는 안 되는 거예요. 우리가 뭔가를 보거나 읽고 있는 이상, 글자는 대단히 중요한 역할을 담당하고 있는 거라 믿고 이 일을 계속하고 있는 겁니다."

그렇게 말하고는 그는 부드럽게 웃었다.

수영체가 가지는 의미

이토 씨의 일이란 '수영체'라는 서체를 만드는 것이다. 하지만 만든다고 해도 이 서체의 경우는 처음부터 만들어내는 것과는 조금 다르다. 수영체는 다이닛폰인쇄의 오리지널 서체로 회사가 창업했을 때 장인들의 손끝에서 만들어진 것이기 때문이다.

이처럼 이미 존재하는 서체를 고쳐 만드는 일을 개각(改刻)이라고 한다. 그가 소속된 수영체 개발실에서는 2005년 '헤이세이 대개각'이라 불리는 사업을 시작함으로써 수영체의 품질을 재검토하고 현대에도 사용하기 쉽게 재탄생시켰다. 이토 씨는 7년간에 걸친 이 대개각 사업의 책임자다.

그러면 서체의 품질이란 도대체 어떤 것일까? 먼저 그 부분을 설명하기 위해서는 수영체의 역사를 돌아볼 필요가 있다.

다이닛폰인쇄는 일반 인쇄부터 액정 디스플레이, IC 카드 제조나 IT 사업까지 폭넓게 관여하며 대형서점도 거느리고 있는 대기업이다. 전체 매출액은 총 1조 5,000억 엔 정도에 이르며 수영체 개발실도 고탄다에 있는 25층 웅장한 건물에 자리 잡고 있다.

1876년 창립 당시 회사 이름은 수영사(秀英舍)였다. 수영체는 그 이름 그대로 수영사의 활자라는 의미며 명조, 각고딕, 둥근고딕 등 활자서체의 총칭으로 140년이 넘는 다이닛폰인쇄의 출발점이 된 서체다.

당시 일본의 근대적인 활자서체로는 도쿄쓰키지활판제조소가 개발한 축지체(築地体)가 있었다. 수영사는 창업하고 나서 5년 후

인 1881년에 활자주조설비를 도입하고, 31년 후인 1912년에 1호부터 8호까지의 서체를 완성시켰다. 수영체는 축지체의 혈통을 이어받은 이른바 직계 서체로 지금은 타이포그래피 연구자들로부터 '일본 활자의 2대 조류의 하나'라고 불리고 있다. 비전문가가 보아도 바로 알 수 있는 이 서체의 특징은 본문에 사용되는 히라가나 이(い), 타(た), 나(な) 같은 글자의 필맥 선이 이어져 있다는 것이다. 고단샤 현대신서 본문에는 모두 이 명조체가 사용되고 있으므로 다른 신서와 비교해보면 흥미로울 것이다.

글자를 디자인한 서체를 금속제 자형(字型)으로 만든 것이 활자다. 종이책이나 잡지에 실려 있는 문장은 원래 이 활자를 조합해서 인쇄하는 게 일반적이었다. 그런 근대적 활자가 등장한 메이지 시대에는 장인이 한 글자씩 손으로 서체를 새겼다. 그들이 나무에 새긴 글자를 토대로 자형을 만들고 쇳물을 붓고 식혀서 굳힌 것이 활자가 된 것이다.

거기에 기술 혁신을 가져온 게 전후 일본에 도입된 벤턴자모조각기다. 미국인 링 벤튼이 고안해낸 기계로 이것을 사용해서 손으로 그린 원도(原図, 활자를 만들기 위해 그린 글자꼴의 씨그림-옮긴이)를 덧그리기만 하면 자동으로 축소된 형태로 활자를 제조할 수 있었다. 그 후 인쇄 공정에 컴퓨터가 도입되고 1960년대 중반부터 1970년대 초까지 원도를 스캔한 도트폰트가 만들어지면서부터 서체가 디지털화되어 점의 집합으로 바뀌었다. 그리고 현재는 글자의 윤곽선을 데이터화한 아우트라인폰트로 변환되어 사용되고 있다.

사람이 새기다가 이어서 기계가 새기고 다시 도트폰트로 스캔되어 아우트라인폰트로 변환된 것이다. 수영체는 대략 이러한 변천을 거쳐 100년의 역사 속에서 지금에 이르렀다.

"아날로그에서 디지털로 기술이 변화하는 과정 속에서 예전 수영체의 품질을 유지할 수 없게 되었거든요" 하고 이토 씨는 당시 상황을 떠올리며 헤이세이 대개각이 이루어진 이유를 얘기했다.

"제가 수영체 개발실로 온 직후의 일이었어요. 장인이 직접 새긴 디지털화 이전의 수영체와 사식(寫植, 활자를 사용하여 조판하지 않고 사진 식자기로 인화지나 필름에 직접 글자를 한 자씩 찍는 일-옮긴이)한 현재의 수영체를 비교해볼 기회가 있었습니다. 그랬더니 활판인쇄 때의 수영체가 디지털화한 후의 수영체보다 선이 더 부드럽고 강약이 있으면서 더 힘차더군요."

장인의 세계를 향한 동경

이토 씨가 수영체 개발실로 이동한 건 1998년의 일이다. 그는 여섯 살 차이 나는 형에게 영향을 받아 디자인 공부를 하기 시작했다고 한다. 어릴 때부터 집에는 미술대학에 다니는 형이 보던 연감《Graphic Design in Japan》과 작품집 등이 있어서 다양한 로고나 화려한 포스터 견본을 보며 자랄 수 있었다. 그리고 교토 시립예술대학을 졸업한 후 다이닛폰인쇄를 직장으로 선택한 건 다이닛폰인쇄에서 건축자재 디자인을 하던 대학 선배의 권유 때문이었다.

입사 후 선배와 같은 건축자재 부서에 배치된 그는 나뭇결 인쇄 디자인을 담당하게 되었다. 활자에는 활자에 대한 장인들의 고집이 있듯 나뭇결무늬 인쇄 역시 남모르게 여러 가지 아이디어를 짜낸 상품이다. 다이닛폰인쇄는 다양한 나뭇결 인쇄 유형을 판매하는데 제품은 다음과 같이 만들어진다.

디자이너들이 고급 목재상에 가서 질 좋은 목재를 사가지고 와 대형 카메라로 촬영한다. 벗나무, 졸참나무, 삼나무 등 수십 개의 목재 유형은 4~5년마다 유행이 변화하기 때문에 주택업자

등의 요청 사항을 참고로 해서 유행에 맞는 나뭇결무늬를 찾아내는 것이 나뭇결무늬 인쇄 디자인의 주요 업무다.

"나뭇결무늬는 일상생활 속에서 흔히 접할 수 있잖아요. 벽지나 문, 음식점 계산대 등 곳곳에서 사용되고 있으니까요. 하지만 거기에도 역시 고집이 있지요."

예를 들어 인쇄 시트에서는 어딘가에서 반드시 선이 끊기게 되지만 그것을 어떻게 가장 자연스럽게 보여주는가가 장인의 기술인 것이다.

"나무의 나이테 선 모양이 갑자기 사라지지 않도록 한 줄 한 줄 손으로 가공하여 선이 사라지는 걸 의식하지 못하도록 지우는 겁니다. 그래서 전 지금도 문 같은 걸 보면 반사적으로 '여기서 선을 없앴군' 하며 자꾸 쳐다보곤 합니다. 생각해보면 이것 역시 활자를 만드는 일과 비슷합니다. 당연하다고 생각하고 아무도 신경 쓰지 않지만 만드는 사람은 집요하게 고집을 부리는 일이란 점에서 말이죠."

대부분의 사람들이 당연하다고 여기는 것에도 사실은 깊은 고민과 집요함이 담겨 있다는 것. 그는 수영체 개발실로 오기 전부터 그런 장인의 세계에서만 얻을 수 있는 일의 보람을 알았다.

하지만 시간이 지나면서 나뭇결무늬를 만드는 일로는 뭔가 부족하다는 걸 느꼈다고 한다.

"좀 더 직접 디자인할 수 있는 일을 하고 싶다는 생각이 들더군요. 나뭇결무늬를 만드는 일은 진짜 나무에 얼마나 가까워질 수 있는가 하는 일입니다. 아무리 비슷하게 만든다 해도 그건 역시 모조품이고 진짜를 원하는 사람은 가구든 책상이든 모조품을 사지 않는 게 현실이니까요. 저 자신부터도 진짜 나무가 더 좋다고 생각하니까요. 솔직히 그런 생각이 들더군요."

수영체 개발실 사내 인재모집공고가 나온 건 바로 그런 생각을 하고 있을 때였다. 이메일로 온 모집 요강을 열어보니 '컴퓨터 디지털 폰트 개발과 디자인'이라고 써 있었다. 그는 수영체라는 단어를 보고 입사 연수에서 '다이닛폰인쇄의 출발점이며 DNA다'라고 들었던 게 떠올랐다.

'뭘 하는 부서인지는 잘 모르지만 재미있을지도 모르겠군.'

그렇게 생각하고는 모집에 응모했다.

수영체는 다이닛폰인쇄의 DNA다. 하지만 140년이나 지난 현재 이 서체에 관련된 직원 수는 대단히 적다. 이토 씨 자신이 그랬던 것처럼 신입사원 연수 때 회사의 역사 정도로만 조금 배울 뿐 젊은 세대는 실제로 수영체라는 서체에 대해 아는 게 거의 없었다.

그가 수영체 개발실로 이동한 1998년은 수영체를 둘러싼 환경이 결코 좋다고만은 할 수 없었다. 무엇보다 가장 본질적인 이유는 DTP(DeskTop Publishing, 출판물의 입력과 편집, 인쇄 등 전 과정을 컴퓨터화한 전자편집 인쇄 시스템이다-옮긴이)가 보급됨에 따라 수영체가 사용될 기회 자체가 줄어든 상황이었다.

금속제 활자를 사용해서 출판물을 인쇄하던 활판인쇄 시대에는 책과 잡지를 만들기 위해 인쇄회사는 앞장서서 활자를 개발해야 할 이유가 있었다. 당시 다이닛폰인쇄가 디자인한 서체의 활자는 자사의 인쇄공장에서만 만들 수 있었다. 따라서 편집자나 디자이너는 원고를 수영체로 인쇄하기 위해서는 다이닛폰인쇄에 인쇄용 데이터제작을 주문해야 했다. 그런데 폰트라는 디지털화된 서체가 판매되고 게다가 DTP가 보급되면서부터는 디자이너나 편집자가 직접 데이터를 만들 수 있게 되었고, 서체도 수많은 폰트 중에서 골라 쓸 수 있게 되었다. 따라서 인쇄소에서 데이터를 받을 즈음에는 이미 서체가 정해져 있어서 다이닛폰인쇄에서만 인쇄할 수 있는 수영체가 쓰일 기회는 더 이상 없어진 것이나 마찬가지였다.

"우리가 처음 맞는 커다란 위기였지요." 이토 씨는 당시를 회상하며 말했다.

"수영체 역시 디지털화하긴 했지만 사외(社外)에는 제공하지 않았어요. 그러니까 디자이너가 사용하는 그래픽소프트웨어에는 수영체가 없었던 거죠. DTP 소프트로 만들기 어려운 사전이나 사보 등에서는 아직 사용되고 있었지만 수영체로 인쇄된 책은 점점 줄어들고 있었습니다."

그렇다면 폰트메이커 서체처럼 수영체도 일반에게 판매하면 되지 않았을까? 하지만 판매할 수 없는 사정이 있었다. 바로 앞에서 말한 서체의 품질 문제 때문이었다. 예를 들어 글자의 굵기에 대해 생각해보자. 메이지 시대에 만들어진 수영체는 활자에 잉크를 묻혀서 종이에 누르는 활판으로 인쇄하는 것을 전제로 만들어진 서체다. 활자를 종이에 누르면 그 압력 정도만큼 잉크가 스며들어 글자가 두꺼워진다. 그 때문에 장인들은 종이에 인쇄했을 때 잉크가 스며드는 것까지 계산해서 모체가 되는 글자선을 그렸다.

시대가 변화하면서 수영체를 디지털화했다는 건 앞에서도 언급했는데, 활판이나 필름을 사용하던 아날로그 제판 시절에는 잉크의 농도나 현상 과정에서 선이 굵어지기도 했지만 디지털화되면서 그런 문제는 완전히 사라졌다.

"제판이나 인쇄 과정에서 글자가 굵어질 일이 없어졌기 때문에 애초에 글자가 굵어질 걸 가정해서 가늘게 만들었던 윤곽선이 그대로 인쇄되게 된 겁니다. 따라서 자세히 살펴보면 수영체로 인쇄된 글자가 가늘어진 걸 알 수 있어요. 글자 크기에 따라서는 긁힌 자국이 난 것 같은 글자도 있을 정도였어요. 제가 수영체 개발 부서에 합류했을 때는 가늘게 인쇄되는 걸 피하고자 폰트를 자동으로 굵게 하는 일이 제 업무 중 하나였습니다."

그러나 디자인이란 건 가는 것을 자동으로 굵게 만든다고 해결되는 것이 아니다. 물론 그건 글자에만 한정된 이야기가 아니지만 말이다. 특히 획수가 많은 글자는 가늘게 그려지고 치침(획을 위로 올려 긋는 것)이나 삐침(획을 비스듬히 내려쓰는 것)도 한자에 따라 모두 달라질 수밖에 없다. 한자는 양식화된 문자다. 그렇기 때문에 그걸 활자로 새기기 위해서는 장인의 뛰어난 기술이 필요하다. '口(구)'라는 글자는 句(구)나 古(고), 号(호), 合(합) 같은 다른 글자에도 쓰이고 있기 때문이다. 따라서 '口'는 글자의 균형이 고려되면서 조금씩 달라져야 한다. 몇천 자나 되는 글자와 조화를 이룸으로써 비로소 수영체라는 서체가 성립되는 것이다. 글자마다 제각기 고유한 의미가 있으며, 거기에 필치의 자유로움을 더해야만 글자가 생동감 있어 보인다. 기존의 수영체에서는 이러한 장인의 솜씨를 엿볼 수 있었다. 하지만 글자를 자동으로 굵게 하면서 미묘한 균형으로 유지되고 있던 조화와 활기가 무너져버렸다.

'이러할진대 일괄적으로 굵어진 활자를 수영체라고 불러도 되는 걸까?'

활자를 굵게 하는 작업을 하면서 그는 계속해서 이런 생각에 사로잡혔다고 한다.

"게다가 디지털화한 글자는 책 본문에 사용하는 걸 가정해 만들어졌기 때문에 본문 서체로는 아무 문제가 없었지만 확대해서 사용하면 선의 매끈함이 사라져버리는 걸 한눈에 알 수 있었습니다. 이런 상태로는 일반에게 판매한다고 해도 책 제목이나 광고 포스터 등에는 사용할 수 없을 게 뻔했습니다. 그중에는 선이 이지러져 있는 글자도 있어서 다른 회사의 폰트에 비해 품질이 뒤처졌지요. 그즈음엔 다른 회사의 폰트를 볼 때마다 어쩐지 분한 생각까지 들더군요."

당시 수영체는 그야말로 상처투성이 상태였다. 인쇄를 거듭한 끝에 예전의 매끈함은 사라져버렸고, 일찍이 장인이 혼을 담아 새긴 모든 문학 서적에 꼭 필요한 서체였을 때의 모습을 잃어버린 지 오래였던 것이다. 다이닛폰인쇄에서 일하는 젊은 사원들에게조차 그 존재는 점점 잊혀졌고 100년이라는 역사 속으로 묻혀가고 있었다.

이런 상황 속에서 이 서체를 한 자 한 자 복원해서 재탄생시키기로 한 게 대개각 사업이다.

어떻게 현대에 되살릴 것인가?

수영체 대개각 논의가 구체적으로 진행된 건 다이닛폰인쇄 130주년 기념사업 때였다. 그보다 앞서 2003년 다이닛폰인쇄의 이치가야 공장에 남아 있던 활판 사업부가 폐쇄되었다. 창업 이후 120년이 넘도록 활판인쇄를 담당해온 사업부 해산은 큰 전환점이 되었고, 그것을 계기로 활판인쇄를 지탱해온 자사 디자인을 체계화하자는 분위기가 만들어졌던 것이다. 그 대상이 된 게 수영체다.

수영체 개발실에서는 일본 활자 연구의 제일인자로 활자 판매와 타이포그래피스쿨 등을 운영하는 로분도 대표인 가타시오 지로(片塩二朗) 씨에게 수영체가 지나온 100년간의 변천을 분석해 달라고 의뢰했다. 얼마 후 도착한 보고서에는 축지체와의 철저한 비교에서부터 수시로 개각된 서체가 어떻게 변화해왔는지가 상세하게 분석되어 있었다. 그 결과 이토 씨가 현장에서 느끼고 있었던 대로 디지털화한 이후 수영체는 인쇄기술의 변화 속에서 예전의 품질을 유지하지 못하고 있다는 게 연구자의 손에 의해 다시금 확인되었다.

가타시오 씨는 《수영체 연구》라는 두툼한 보고서에서 현재의 수영체에는 이전 장인의 기술이 계승되어 있지 않으며 미래의 모습 또한 담겨 있지 않다고 지적했다. 그리고 거듭된 인쇄로 인해 제품 성능이 저하되는 현상 때문에 반드시 개각이 필요하다고 제언했다.

"전문가의 분석을 듣고 실장과 나도 힘을 얻어서 개각을 제안한 거지요." 이토 씨는 이렇게 말했다.

사실 가타시오 씨의 제언은 쓴소리가 상당히 많아서 이토 씨는 경영진에게 설명할 때 표현을 조금 누그러뜨려야 할 정도였다.

"그만큼 위기감을 느껴야 하는 상태였어요. 수영체는 분명 다이닛폰인쇄의 직원이라면 알 만한 사람은 다 아는 서체지만 경영진에게는 특히 각별한 감정이 있는 회사의 출발점이었으니까요. 그 말에 영향을 받아 130주년 기념사업으로 수영체 대개각이 이루어지게 됐습니다."

이 대개각을 기록한 《백 년째 서체 만들기─'수영체 헤이세이 대개각'의 기록》에서 다이닛폰인쇄의 기타지마 요시토시(北島義俊) 사장은 기념사업을 하는 이유 중 하나로 가타시오 씨의 보고서에 있던 다음과 같은 말을 인용하였다.

"이 조사에 참여하고 협력한 다이닛폰인쇄 직원들이 그 누구보다 이 활자를 사랑하고 깊은 애착과 자부심을 가지고 있다는 걸 확인할 수 있었다. 이 보고서를 계기로 앞으로 다이닛폰인쇄를 지고 나갈 젊은이들이 수영체를 되살리기를 기원한다."

그 젊은이 중 한 사람이 바로 이토 씨였던 것이다.

그럼 기타시오 씨가 말하는 수영체의 미래의 모습은 어떤 것이었을까? 그에 대해 기타시오 씨의 표현은 꽤 인상적이었다.

예전부터 서체는 공기와 물 같은 존재여야 한다고 한다. 즉 정보를 정확하고 확실하게 독자에게 전하는 것이 서체의 역할이며, 오류는 물론이거니와 본문용 서체는 지나친 꾸밈이 있어서는 안 된다는 것이다. 따라서 수영체는 공기나 물 같아야 하고특히 맑게 갠 공기며 정결한 물이어야 했다. 그만큼 이토 씨를비롯한 대개각 프로젝트 구성원들에게 맡겨진 일은 이 같은 서체 디자인을 현대에 맞게 되살려야 하는 중요한 일이었다.

그리고 대개각을 통해 본문용 명조(L/M/B라는 세 종류의 굵기가 있다)가 리뉴얼됐고 디지털화한 표제어용 초호명조 그리고 각고딕(L/B), 둥근고딕(L/B)이 처음부터 새롭게 만들어졌다.

헤이세이 대개각 프로젝트

글자를 만드는 건 한 기업에 있어서 일반적으로 상상하는 것보다 훨씬 큰 사업이다. 대개각을 통해 지금까지 다이닛폰인쇄가 인쇄하는 출판물에만 한정해 사용하던 수영체를 디지털 폰트로 만들어 일반 판매하는 것이 목표가 되었다. 디자이너가 이용하는 디지털 폰트로 선택되기 위해서는 사전에 나와 있는 글자가 모두 갖추어져야 한다. 그 수는 본문용 명조는 하나의 폰트당 23,000자 정도고 표제어용 초호명조나 고딕은 9,000자 정도 된다. 대개각에서 계획된 수영체 활자군까지 전부 포함하면 12만 자가 넘는 글자를 만들어야 하는 것이다.

서체 리뉴얼을 위해 사업 주체인 다이닛폰인쇄가 서체 디자이너에게 디자인을 발주하고 이토 씨를 비롯한 개발실 사람들이 만들어진 글자를 한 글자씩 교정해 다시 수정을 지시하는 일이 끝도 없이 반복되었다. 한 자 한 자 수작업해야 하므로 대량으로 발주한다고 단가가 내려가는 일 또한 없었다. 다이닛폰인쇄는 지유공방, 료비이매직스 두 회사에 글자 디자인을 발주하고 가타시오 지로 씨가 운영하는 로분도에 감수를 의뢰했는데 한 글자당 몇천 엔, 어떤 글자는 몇만 엔이나 됐다. 대략 계산해도 수억 엔이 소요되는 사업 규모였던 것이다.

헤이세이 대개각은 지금까지 100년이 넘게 사용되어온 수영체를 다가올 100년 동안 사용해도 충분히 견뎌낼 수 있는 상품으로 새롭게 손질하고자 했다. 서체는 인쇄물뿐만 아니라 전자서적이나 스마트폰, 텔레비전, 게임 등 모든 미디어에서 사용되어야 하며 대개각이 이루어지고 나면 다양한 용도로 전개해나간다는 게 경영진의 생각이었다.

그렇게 발족한 헤이세이 대개각 프로젝트는 초기에는 고탄다 빌딩의 C&I 사업부 한쪽에 있는 수영체 개발실에서 조용히 시작되었다. C&I 사업부는 주로 카탈로그, POP 같은 상업 인쇄물 기획과 마케팅, 인터넷사업 시스템개발이 주된 업무로 다소 광고기획사 같은 분위기가 감도는 부서다. 원래대로라면 수영체 개발실은 출판 사업을 담당해온 이치가야 사업부에 배치되는 것이 가장 적절했을 것이다. 출판사와 일상적으로 왕래하는 이치가야 사업부에서는 직원들이 수영체나 서체에 대해 이야기하는 풍경이 자연스러웠기 때문이다.

당시 수영체 개발실의 일원이었던 사사키 아이(佐々木愛) 씨는 그런 열악한 상황 속에서 시작된 개각 작업 현장은 다른 직원들이 보기에도 이상해 보였을 거라며 웃었다.

"개발실은 IT 관련 부서가 자리한 층에 있었기 때문에 모두가 컴퓨터 화면을 들여다보고 있는데 구석에 있는 우리만 형광등을 켜고 종이를 노려보며 글자를 한 자씩 확인하고 있었으니까요. 책상도 지저분하고 종이도 많아서 종이 다발 좀 정리하라고 늘 잔소리를 듣곤 했죠. 인쇄회사인데도 말이에요."

매력 있는 활자로 만들기 위해

대개각 프로젝트를 시작한 그들이 첫 번째로 한 일은 메이지 시대의 장인이 손으로 직접 새긴 서체의 활자 견본을 스캔하는 일이었다. 개발실의 신입이었던 미야타 아이코(宮田愛子) 씨에게 그 일을 지시한 이토 씨는 "처음엔 이런 오래된 글자를 이제 와서 스캔한들 뭐가 될 수 있을까라고 생각했지요" 하고 회고했다. 하지만 그로부터 7년 동안 개각 작업을 거친 지금, 프로젝트 구성원이었던 사사키 씨, 미야타 씨는 꿈꾸는 듯한 표정으로 수영체에 대해 깊은 애정을 갖고 이야기하는 인물이 되었다.

서체를 새로 만들 때의 순서는 다음과 같다.

23,000자에 이르는 글자 중 모든 글자의 기본이 되는 한자가 있다. 바로 国東愛永袋靈酬今力鷹三鬱 12자다.

서예의 세계에 '영자팔법(永字八法)'이라는 말이 있듯이 '永'자에는 점, 가로획, 세로획, 치침, 왼쪽 삐침, 오른쪽 삐침 같이 한 자를 쓸 때 공통으로 적용되는 여덟 가지 기본 요소가 포함되어 있다. 다른 글자 역시 서체를 제작할 때 기본형이 되는 글자를 포함한다. 이들 기본형이 되는 글자를 면밀한 협의와 수정을 거쳐 만들어낸 후 다양한 부수를 포함해 활자의 자모를 만들기 위한 글자의 본이 되는 400자를 만든다. 그런 다음 드디어 본 개발이 시작되는데 500자나 1,000자를 1로트로 하여 글자 디자인을 마무리하는 것이다.

"글자에 여백을 두는 법과 균형, 유연함 그리고 기복을 예전에 장인이 만든 활자의 견본이나 원래 도안과 비교 검토하면서 마지막에는 감성적으로 봐 나갑니다. 한 글자 한 글자마다 치침,

삐침 같은 핵심을 확인하고 수영체로서 통일감이 있는 글자인지를 판단하는 거죠."

본 개발이 시작되자 서체 디자이너가 한 달에 한 번 1,000자 단위로 글자를 보내왔다. 그들도 출근하자마자 형광등을 켜고 묵묵히 종이 다발과의 싸움을 시작했다. 치침이나 삐침에 빨간 줄을 긋고 견본과 원 도안을 비교해가며 기존에 없었던 글자도 수영체로서 통일감이 있는지 판단해야 했다. 때로는 서체 디자이너에게 '글자가 생동감이 없다', '편안함이 부족하다' 같은 추상적인 표현으로 새로운 디자인을 주문하기도 하고 그중에는 수정을 9번이나 거듭하며 어렵사리 완성한 글자도 있었다.

그들이 처음 디지털화한 초호명조를 외부의 어느 북디자이너에게 보여주었을 때의 일이다.

"초호명조로서의 매력이 부족하다."

그렇게 단호한 평을 듣고는 이미 완성되어 있던 한자 7,000자를 처음부터 다시 만들어야 했다. 완성된 서체를 가지고 장정 부서가 있는 신초샤와 문예춘추의 디자이너에게도 의견을 물었는데 그런 현장의 목소리를 듣고는 한층 더 광범위한 수정을 해야할 때도 많았다.

"사실 어떤 한자든 모두 어렵지만 굳이 말하자면 力(력)이나 文(문), 口(구), 女(여) 같은 단순한 글자가 특히 더 어렵습니다. 삐침을 어느 위치로 할까, 크기를 어느 정도로 해야 할까 더 많이 고민해야 했거든요. 완성됐다고 생각하고 다른 글자와 비교해보면 오른쪽이나 왼쪽으로 치우쳐 보이기도 하고 작아 보이기도 했어요. 특히 히라가나나 가타카나의 경우라면 글자 크기가 다르거나 한 글자 속에서 선의 굵기가 일정하지 않기도 하잖아요."

애초 헤이세이 대개각은 3년 반을 예상하고 사업 계획이 세워졌지만 결과적으로 완성되기까지 7년이라는 시간이 소요됐다.

하지만 이토 씨는 그 길었던 7년간을 되돌아보며 "내게 이보다 행복한 일은 없다는 생각으로 일했던 시간이었어요"라고 말한다.

그렇게 말하고 난 후 만족감이 넘치는 그의 표정을 보고 있자니 나는 어떤 하나의 일이 사람의 마음을 풍요롭게 하고 그 후의 나날을 충실하게 만들 수도 있다는 걸 느낄 수 있었다.

"제가 이 일에 행복을 느낀 건 예전에 장인들이 만든 디자인 그 자체와 대화하는 것이 수영체 대개각 작업의 본질이었기 때문인지도 모릅니다. 디지털화하는 것도 이렇게 힘든데 장인들은 그걸 어떻게 일일이 손으로 새기거나 그렸는지 상상이 안 갑니다. 견본과 원 도안을 보고 있으면 글자에 걸었던 그들의 투혼이 전해져온다니까요."

그는 다른 한편으로는 당시 장인들에게는 너무나 당연한 일이었을지도 모른다고도 생각했다고 한다.

수영사에는 전쟁 전에 문자를 새기는 장인이 적어도 세 명은 있었다고 한다. 그것도 견본장의 서체를 통해 '아마도 세 명이었을 것이다'라고 추측할 뿐이고 이름도, 어떤 사람이었는지도 남아 있지 않다고 한다.

"무질서한 글자는 단 한 자도 없이 몇천 글자가 모두 통일감을 가지고 있었습니다. 물론 다른 활판 작업에 비해 그들에게 가장 많은 급료가 지급되었던 것으로 보아 높은 평가를 받고 있던 일임에는 틀림없었으리라 생각됩니다. 하지만 이름이 남아 있지 않다는 건 그런 작업을 기록으로 남기지 않을 만큼 흔하고 자연스러운 일이기도 했다는 거지요."

남겨진 건 완성된 글자뿐. 말하자면 글자라는 보여지는 음성만을 남기고 그들은 역사 속으로 사라져갔다. 그 소리에 귀를 기울였기 때문에 이토 씨는 그들의 기술에 감동하고 자신이 같은 일에 몸담고 있다는 데 작은 만족감을 느낀 것이다.

100년 후를 향하여

수영체는 7년간에 이르는 대개각을 거쳐 폰트 회사 모리사와의 협업으로 소프트웨어에 수록되었고 2009년에 드디어 디지털 폰트로 일반 판매되었다. 이렇게 해서 지금까지 다이닛폰인쇄가 인쇄하는 출판물에만 사용되던 수영체는 다른 인쇄회사에서도 사용할 수 있게 되었다. 글자를 확대하거나 축소해도 선은 변함없이 매끈하다.

"어떤 책을 펼치면 수영체가 눈에 들어옵니다. 표지 디자인에도 사용할 수 있게 됐기 때문에 서점 평대에 놓여 있는 수영체를 사용한 책표지를 볼 때면 드디어 이 서체가 세상에 널리 퍼졌구나 하고 실감하곤 하죠."

또 전철 안의 광고나 거리의 대형 포스터, 텔레비전 광고에서 수영체를 발견할 때마다 이토 씨는 자신들이 한 일에 대한 좋은 반응이라는 생각이 들어 자랑스러워진다고 했다. 수영체가 다양하게 사용되고 있다는 건 수많은 서체 중에서 디자이너에게 선택받았다는 걸 의미하기 때문이다.

후에 다이닛폰인쇄가 펴낸《백 년째 서체 만들기―'수영체 헤이세이 대개각'의 기록》에는 그가 소속된 수영체 개발실 사람들의 후기에 그들의 생각이 담겨 있다.

"동서고금의 어떤 명품 서체라도 활자를 정착시키는 조각과 인쇄와 표시 기술을 무시하고 그 서체를 평가할 수 없습니다. 디자인은 기술적인 제약 아래서 이루어지기 때문입니다. 그러므로 사람의 마음에 스미는 서체는 몇 번이고 되살아나 시대를 수놓았습니다. 세세한 부분까지도 거듭 검토하고 새로운 해석 아래 최적의 요소를 찾아내 다시 세상의 평가를 기다립니다. 그렇게 늘 새롭게 고치고 계속 사용되지 않으면 서체는 살아남을 수 없는 것입니다."

―《백 년째 서체 만들기―'수영체 헤이세이 대개각'의 기록》중에서

이토 씨를 만나고 나서 얼마 후에 이 글을 읽었을 때 일을 대하는 그의 마음가짐이 느껴져서 뭉클해졌다.

'수영체는 100년 후에도 사용될 것을 목표로 대개각이 이루어

졌지만 100년 후를 지켜볼 수 있는 개발자는 한 명도 없다'로 이어진 문장은 '한 권의 책 뒤에서, 눈앞의 화면 반대편에는 서체를 만들고 있는 개발자들이 있습니다. 서체의 아름다움이 느껴질 때 그들을 기억해주십시오'라고 글을 마무리하고 있다. 늘 개각되고 계속 사용하지 않으면 서체는 살아남을 수 없다.

'활자 서체란 무엇일까?' 이토 씨는 지금도 이 질문에 명확한 답을 하지 않는다. 그러나 활자에 대한 고민을 계속해온 지금까지의 시간은 틀림없이 행복한 시간이었다고 말한다. 그 표정에는 서체 디자인 개발자로서 100년 이상의 역사에 자신도 함께했다는 분명한 확신이 담겨 있었다.

제5장

디자인은
세심한 부분에서
빛난다

"'나도 이런 책을 만들고 싶다'라고
생각하는 사람이 있는 한 책은 살아남을 겁니다.
그러려면 종이책은 역시 아름답지 않으면 안 되고요."

아름답지 않으면 책이 아니다

책상에 나란히 놓인 책 중에서 한 권을 집어 들더니 구사카 준이치(日下潤一) 씨는 진지한 표정으로 얼굴 가까이에 대고 표지를 들여다보고는 뒤집어서 다시 뒤표지를 뚫어지게 쳐다보았다. 그러고는 탄식하듯 가벼운 한숨을 쉰다. 이렇게 꼼꼼하고 또 사랑스러운 듯 책을 보는 사람을 나는 알지 못한다. 혹시 북디자이너라고 불리는 사람들은 누구나 책을 이렇게 대하는 걸까?

요코하마시 항구가 보이는 언덕 위 공원 안에 있는 가나가와 근대문학관에서 북디자이너인 그가 보고 있는 건 애호가 사이에서 소세키본이라고 불리는 나쓰메 소세키의 일련의 작품들이다. 제목을 주홍색으로 인쇄하고 유머러스한 고양이 일러스트로 꾸며진 《나는 고양이로소이다》, '빈틀찍기(무늬를 새긴 틀에 물감이나 먹, 잉크를 칠하지 않고 종이나 가죽, 헝겊 등을 끼워 눌러서 무늬만 도드라지

게 한 것-옮긴이)'라는 기술로 묘사된 꽃무늬가 아름다운《메추라기
둥지》, 노란 꽃과 빨간 꽃 사이에 파란 새가 앉아 있고 책등에 쓰
인 제목에 금박이 입혀진《노방초》, 꽃에 둘러싸인 여성이 중국
회화 풍으로 그려진《명암》등이 그것이다.

　미술사가인 이와키리 신이치로(岩切信一郎)는 이 소세키본을
특집으로 다룬《예술 신초》의 〈나쓰메 소세키의 눈〉에서 '그 책
디자인은 메이지 시대 말부터 다이쇼 시대 초기의 우아하고 아
름다우며 단아한 분위기를 느끼게 하며, 당시 유럽의 세기말적
예술이나 아르누보, 혹은 중국의 정취로 보이는 경향도 있다'고
설명하였다. 소세키본은 일본에서는 현대적인 북디자인의 초석
이 되었다. '일본 근대의 양장본 보급과도 관련이 있으며 근대
북디자인의 표본이라든가 현대 서책 디자인의 출발점에 해당된
다'고도 한다.

　이들 소세키본 디자인은 동시대의 대가인 하시구치 고요(橋口
伍葉)나 쓰다 세이후(津田青楓)가 디자인했지만 나쓰메 소세키도
표지 디자인에 깊이 관여했다고 알려져 있다. 소세키는《마음》
의 표지 디자인 작업에 직접 참여했으며, 책표지에 돌에 새겨진
중국의 오래된 문자를 곁들이기도 했다. 판권에 넣는 작은 무늬

나 제자(題字, 서적의 머리나 족자, 비석 따위에 쓰는 글자-옮긴이)에도 깊이 빠져서 지금까지 전문가에게 의뢰했던 표지 디자인을 이번에는 우연한 동기로 손수 해보았다고 《마음》 서문에 조금 조심스러운 듯, 그러나 말하지 않고는 참을 수 없다는 듯 밝히고 있다. 소세키는 북디자이너기도 했던 것이다.

그나저나 얼마나 아름다운가? 한 권 한 권 살펴보니 구사카 씨와 마찬가지로 나 역시 감탄하지 않을 수 없었다. 돈을 들여 호화롭게 만들기만 한 게 아니다. 책의 세세한 부분에까지 많은 생각이 깃들어 있고, 만드는 사람들이 구석구석 세심하게 살펴서 한 권의 책을 만들어냈음이 마음으로 전해져온다.

표지도 훌륭하지만 종이가 상한 책장이 찢어지지 않도록 살며시 넘기면 삽화와 판권 디자인, 페이지 숫자 붙이는 것 등 많은 부분에서 소소한 재치가 느껴졌다. 장인의 기술 하나하나가 한 권의 책 속에 생생하게 살아있음을 알 수 있었다. 디자이너는 결국 그것들을 아우르는 오케스트라의 지휘자 같은 것이다.

소세키본은 보고 있는 것만으로도 즐겁다. 비록 호화로운 장정이 아니더라도 책을 제대로 만들면 이런 예술품이 될 수 있다는 걸 실제로 보여주고 있다.

"이 책을 직접 손에 들고 보기 전까지는 최초의 근대소설 작품이 이렇게까지 세심하게 만들어지고 있었다는 걸 전혀 몰랐습니다."

구사카 씨가 소세키본 실물을 처음으로 손에 들고 본 것은 앞에서 말한《예술 신초》특집 촬영을 할 때였다. 당시 그는《예술 신초》디자인을 담당하고 있었기 때문에 취재에 동행해 가나가와 근대문학관을 방문했다고 한다. 이날 소세키본을 보러 구사카 씨와 이곳에 함께 온 건 와세다에 있는 그의 디자인사무실을 방문했을 때 그가 강력히 권했기 때문이었다.

"이나이즈미 씨, 여기서 제 얘기를 듣는 것보다 실물을 보는 게 더 좋을 거예요. 분명 뭔가 느껴지는 게 있을 테니까요."

하지만 지금 이렇게 가나가와 근대문학관 자료실에서 한 권 또 한 권 소세키본을 들여다보며 시간이 지나가는 것도 잊고 있는 구사키 씨의 모습을 보고 있자니 이 책을 정말 보고 싶었던 건 그 누구보다 자기 자신이었을 거라는 생각이 들었다. 어린 시절 그리운 친구를 다시 만났을 때처럼 그는 책과 옛날이야기를 하며 이야기꽃을 피우고 있는 것 같았다.

"실물을 처음 봤을 때는 정말이지 놀랐어요. 그전까지는 사진으로밖에 못 봤기 때문에 그저 멋진 디자인이라고 생각했을 뿐이었거든요. 그런데 실제로 손에 들고 보니 '아아, 이런 것이 우리 일의 출발점이구나'라는 생각과 함께 절실하게 실감이 나더군요.

소세키의 머릿속에는 2년간 런던에서 유학하면서 본 유럽의 훌륭한 책들이 있었을 겁니다. 이 장정을 보면 서구의 수제본이나 호화본이 제대로 재현되어 있어요. 19세기의 아르누보부터 20세기에 걸친 현대적인 디자인, 그 시대의 디자인이 소세키를 통해서 책이라는 형태로 결실을 본 거예요."

구사카 씨는 말을 이어갔다.

"제가 하는 북디자인은 소세키본의 영향을 직접 받은 것도 아니고 소세키의 장정을 연구하고 디자인을 해온 것도 아니에요. 하지만 여기엔 지금까지 제가 해온 여러 가지 생각이나 아이디어 대부분이 이미 들어가 있어요. 일본에서 대량 생산되는 북디자인에 대한 잠재의식이라고 할까요. 소세키본을 보고 있으면 여기에 있는 잠재적인 영향력이 우리 같은 디자이너에게 지금까지도 면면히 흐르고 있다는 게 느껴지는 것 같아요."

무엇보다 소세키본이 우리에게 말해주고 있는 건 책은 이렇게 자유롭게 만들질 수 있다는 메시지다. 그래서 보고만 있어도 즐겁다. 책 표지 디자인, 종이의 선택, 서체, 삽화나 색, 조판, 행간이나 위아래 여백까지 그 수많은 조합이 서로 어우러져 한 권의 책이 되는 것이다.

하시구치 고요와 쓰다 세이후가 소세키와 수없이 논의하며 한 권의 책에 다양한 아이디어를 쏟아부었던 시간은 틀림없이 자극적인 시간이었을 것이다.

"요즘에도 디자이너와 편집자, 그리고 저자가 계속 논의해가면서 책을 만드는 게 좋아요. 전자서적이 주류가 될 거라느니 이러니저러니 하지만 그것만이 종이책이 살아남을 수 있는 길이 아닐까요? 역시 책이라는 건 아름다워야 한다고 생각해요. 아름다움에는 여러 가지가 있을 테고 다양한 생각도 있어야 하겠지만 소세키의 책을 보다 보면 적어도 이렇게 생각하게 돼요. 아름답지 않으면 책이 아니라고요."

구사키 씨의 말을 듣고 역시 구사키 씨를 만나러 오길 잘했다고 생각했다.

있어야 할 곳에 있어야 할 것이 있어야 한다

이 책을 쓰기 위한 취재를 하면서 북디자이너에게 이야기를 듣기로 했을 때 제일 먼저 생각난 사람이 구사키 씨였다. 이전에 내 논픽션 작품을 디자인해줬을 때 강렬한 인상을 주었기 때문이다.

구사키 씨가 디자인한 전몰시인 다케우치 고조(竹內浩三)의 평전《나도 전쟁터로 향하게 되었네》와 취업 빙하기 세대가 기업 사회에서 어떻게 살아왔는가를 주제로 한《직업표류》견본이 도착했을 때 나는 한 사람의 저자로서 대단히 행복하다는 기분이 들었다. 따뜻한 일러스트로 표현되어 있던 다케우치 고조와 수평선 저편에 하늘로 날아오르는 작은 새들의 행렬 속에 '직업표류'라는 제목이 떠 있는 표지뿐만이 아니라, 책을 펼쳤을 때 서체 분위기나 문자의 조합, 감각적인 여백은 바로 '있어야 할 곳에 있어야 할 것이 있다'라고 느껴지게 했기 때문이다. 이렇게 꼼꼼하게 책을 디자인해준 것에 진심으로 고마운 마음이 들었다. 저자에게도 독자에게도 그리고 책을 디자인한 디자이너 자신에게도 소중한 책이 되기를 바라는 책을 향한 애정이 가득 담겨 있었다.

그때부터 서점에서 구사키 씨가 디자인한 단행본이나 잡지를 발견할 때면 작품을 통해서 그와 인사를 나누는 것 같다는 생각이 들었다.

나에게 특별한 북디자이너가 된 그는 책을 디자인하는 일을 어떻게 시작하게 됐을까? 또 책의 세계에서 일하면서 책에 어떤 생각을 담아온 것일까? 책을 만드는 일에 대한 또 하나의 새로운 세계를 만난다는 기대를 안고 나는 그의 디자인 사무소로 발길을 옮겼다. 그곳에서 알게 된 건 한 북디자이너의 불우하고 의지할 데 없는 삶이기도 했다.

화가를 꿈꾸던 어린 시절

"어렸을 때는 화가가 되고 싶었어요."

북디자이너라는 직업을 택한 계기를 물었을 때 구사키 씨가 말했다.

그는 1949년에 어머니의 본가가 있는 가가와현 간논지시에서 태어나 오랫동안 오사카의 스이타에서 살았다. 오사카에 본사를 둔 니혼쇼쿠바이에서 일하던 아버지는 그가 다섯 살 때 결핵으로 사망했고, 이후 어머니와 단둘이 살았다고 한다.

"어렸을 때부터 아버지 회사의 사택 벽에다 낙서를 하면서 놀았다고 해요. 부모님이 종이를 붙여주면서 마음대로 그림을 그리게 해주셨거든요. 아버지 장례식 때 친척들이 그 그림을 보고 '잘 그렸네, 정말 솜씨가 좋구나' 하고 칭찬했던 게 희미하게 기억나요."

아버지가 돌아가시고 나서 초등학교 2학년 때까지는 간호사로 일하느라 바쁜 어머니 곁을 떠나 간논지에서 농사를 짓는 조부모님 댁에서 지냈다고 한다. 그가 본격적으로 그림을 배우기 시작한 건 다시 오사카로 돌아와서 어머니와 살기 시작한 여덟 살쯤부터다.

집 두 채가 나란히 서 있는 단층집에서 조금 걸어가다 보면 작은 강이 나왔는데 그 건너편 시장통에 미술교실이 있었다. 수업은 근처 고교에서 미술을 가르쳤던 교토 출신의 화가가 했다. 학생들은 그를 도지마 선생님이라고 불렀다. 아동 미술교실은 평소에는 지역 사회복지시설로 사용되는 시장 2층에 있던 다다미가 깔린 큰 방에서 매주 토요일마다 열렸다. 그곳에서 구사키 씨는 장래에 화가가 되고 싶다는 꿈을 꾸게 되었다고 한다.

"어느 날 어머니가 영화관에 데리고 가주셨어요. 제목은 잊었지만 프랑스 영화였는데 여성들에게 인기 있는 화가가 나왔어요. 그때 '이거다!' 하고 생각했지요. 하하하. '언젠가 나도 프랑스에 가서 화가가 돼야지' 하고요. 어쨌든 진심이었기 때문에 중학교에 들어가서도 미술교실에 계속 다녔는데 선생님이 특별히 가르쳐주셨어요."

수채화든 만화든 그림 그리는 거라면 뭐든지 열심히 했다. 중학생 때 학교 과제로 포스터를 그렸는데 상을 받았고, 친구와 만화잡지를 만들어 다른 학교에서까지도 돌려 읽을 정도로 화제가 된 적도 있었다. 《아사히 저널》을 참고로 해서 그린 칼럼과 퀴즈, 자동차 광고 등을 그린 만화였다.

이즈음 그런 아들을 보고 어머니는 매월 《예술 신초》를 사다 주셨다.

"나중에 제가 그 잡지 디자인을 하게 된 걸 보면 인생이란 참 알 수 없어요. 어릴 때부터 읽던 책이라 제게 디자인이 맡겨졌을 땐 펄쩍 뛰고 싶을 만큼 기뻤거든요."

《예술 신초》가 집으로 배달되는 날이면 시간이 가는 걸 잊을 만큼 열중해서 읽곤 했다. 지금도 뚜렷하게 기억나는 건 언젠가 특집으로 다뤄진 프랑스 화가 베르나르 뷔페(Bernard Buffet)의 그림이었다.

"뷔페는 동시대 사람인 데다 초기 그림은 단순하면서도 섬세해서 현대적으로 보였어요. 미술실에서 그의 작품을 흉내 내기도 했죠. 그때는 아직 유화를 배우지 않았을 때라 수채화 물감에 물을 쓰지 않고 유화 흉내를 내곤 했어요."

구사키 씨가 화가가 아닌 디자인을 지망하게 된 것은 미술교실에 두 번째로 온 강사 화가 이마오 게이조(今尾景三) 씨에게서 들은 말 때문이었다.

"화가가 되려면 돈이 많이 든단다. 너희 집은 형편이 좋지 않으니 가능하면 상업미술을 해라."

그들 같은 화가라 해도 학교 같은 곳에서 학생들을 가르치지 않으면 그림만으로는 먹고 살 수 없는 것이 현실이었기 때문이다. 또 중학교 고학년이 되면서 색 사용이 화려해진 그의 그림을 보고 한 조언이기도 한 것 같았다.

이즈음부터 초등학생과 섞여서 혼자서 수업을 받는 그에게 이마오 게이조 씨는 레터링 기법 같은 걸 가르쳐주었다. 그때부터 어머니가 사다 주는 잡지는《예술 신초》에 월간지《DESIGN》이 더해졌다.

"매달 어머니가 사다 주는 잡지 보는 게 낙이었죠. '좋다, 멋지다'를 연발하면서 YMCA 로고타이프나 마크를 만들어보기도 하고《미술 수첩》에서 그래픽 디자이너인 다나아미 게이치(田名網敬一)의 해설을 읽고 실크스크린으로 연하장을 만들어보기도 했어요. 실크스크린을 하는 요령이 안 나와 있었기 때문에 잘 되지 않았고, 찍고 보니 제가 보기에도 부끄러울 정도였어요. 겨우 형태는 나타났지만 그땐 굉장히 낙담했죠."

작품과 작가를 충실하게 표현하라

구사카 씨가 처음으로 디자인한 책은 1978년 플레이가이드저널사에서 출판된 데라시마 다마오(寺島珠雄)의《가마가사키 여인숙의 긴 거리》다. 데라시마 다마오는 가마가사키를 거점으로 생활하는 아나키스트이자 노동자로 일하면서 시를 써온 인물이다. 《20세기 일본인명사전》에는 다음과 같이 소개되어 있다.

'중학교 3학년 중퇴, 방랑 생활을 하다 센다이소년원에서 요코스카해병대에 들어갔다. 1944년에 전시 도망죄로 요코스카 해군형무소에 수감되었다가 패전으로 석방되었고, 치바현의 사철에 근무했으며, 노동조합을 결성해 위원장이 되었다. 그 후 사철, 섬유, 철강 등 노동운동에 종사하였다.'

이후 신문사나 토목건설현장, 음식점 등을 전전하다가 가마가사키에 이르러 시를 쓰기 시작했다. 르포라이터 다케나카 로(竹中労)는 《가마가사키 여인숙의 긴 거리》를 읽고 쓴 수필에서 '데라시마 다마오라는 존재는 나에게 있어서는 무거운, 나뿐만 아니라 일찍이 가난한 사람들이 사는 거리에서 생활하던 몰락한 보통 노병들에게는 가마가사키에서 노동하고 방랑하는 그의 삶은 혁명 바로 그 자체인 것이다'라고 썼다.

언젠가 '육교 밑 쓰레기장에 사는 그들이 대오를 풀고 움직이기 시작하는' 그날을 나는 데라시마와 같이 꿈에서 본다. 몇 개의 질서가 무너져 폐허가 된 먼 지평선에 시라고 표현할 수밖에 없는 환상을 그리는 것이다. '오늘은 술을 마시고 내일은 붓을 잡고 그 환상을 사람들에게 널리 이야기할 것. 앞에 나서든 뒤에서 따르든 그것은 혁명이 아닌가? 돌을 던져야 할 때는 젊은 이들 뒤에서 따라가고 부지런히 자루를 옮기거나 북과 종을 울려야 한다.' 데라시마 다마오가 나에게 깨우쳐준 것은 분명 그런 것이었다.

구사카 씨가 편집자로부터 이 책의 디자인을 의뢰받은 것은 다케나카 로가 이렇게 평한 데라시마가 가마가사키에 거처를 정하고 13년이 지났을 때였다.

"첫 단행본이었으니까 당연히 의욕으로 가득 차 있었죠."

그는 지금도 그때도 책을 디자인할 때 작품과 작가의 분위기를 어떻게 하면 충실하게 표현할지를 깊이 고민한다. 작품을 읽거나 저자를 만나도 된다고 하면 취재에도 동행해서 이미지를 확장해간다.

"원고를 읽고 저자를 만나거나 편집자의 이야기를 듣고 키워드를 찾는 거예요. 기본적으로는 가능한 한 원고에 충실하게 그리고 가능한 한 단순하게 디자인하려 합니다. 사용하는 서체도 너무 복잡한 요소를 사용하지 않고 제한해서 쓰려 애쓰죠."

책은 손님, 북디자이너는 게이샤

구사카 씨의 이야기를 들으면서 흥미로웠던 것은 그가 작품을 읽거나 저자를 만날 때 명확한 태도를 견지하고 있다는 점이다. 북디자이너들이 책을 디자인할 때 반드시 내용을 다 알아야 하는 건 아니다. 편집자와 협의하여 이미지를 정하는 사람도 있고 원고를 꼼꼼하게 읽고 디자인에 활용하는 사람도 있다. 구사카 씨는 책에 대한 자신의 자세를 이렇게 밝히고 있다.

"전 분명히 책을 읽기는 하는데 지나치게 깊이 읽어서는 안 된다고 생각해요. 내용을 너무 깊이 읽어서 디자인이 작품 내용의 비평이 되어버려서는 안 되기 때문이죠. 그 점에 제일 주의하고 있습니다. 그리고 아무리 하찮은 책이라도 한 줄 정도는 좋은 말이 적혀 있는 법이죠. 그걸 디자인으로 부각시키곤 합니다. 왜냐하면 북디자이너는 게이샤고 책은 손님이니까요. 싫은 상대라도 게이샤는 그 앞에서 춤을 춰야 하거든요."

내 책을 디자인한 디자이너에게 그런 말을 들은 나로서는 가슴이 철렁했지만 극히 단순하고 프로다운 자세라고 생각했다. 물론 북디자인에 대한 이런 태도가 처음부터 그의 내면에 명확한 형태로 자리한 건 아니었다.

처음 북디자인을 시작한 스물아홉 살 때, 그는 편집자가 하자는 대로 가마가사키로 가서 단칸방 여인숙에서 생활하는 데라시마 다마오의 거처를 찾았다. 세 명이 마주 앉아 한동안 이야기를 주고받다가 데라시마가 덴노지에 있는 싸구려 꼬치집에서 자주 술을 마신다면서 이런 말을 했다고 한다.

"꼬치는 사실 싼 게 아니야. 노동자 처지에서 보면 싼값이지만 원료가 얼마나 나쁜지를 생각해보면 그보다 비싼 게 없지."

실없는 대화였지만 트레이드마크인 헌팅캡을 쓴 반골의 시인과 나눈 그 대화가 왠지 가슴에 남았다고 한다. 그런 사소한 대화들이 이미지의 소재가 된다. 그날 집으로 돌아오는 길에 그는 처음으로 하는 북디자인 일에 흥미를 느끼면서 어떻게 하면 데라시마 다마오라는 시인의 이미지를 책에 제대로 표현할 수 있을까 고민했다. 그리고 생각해낸 것이 가마가사키의 낮과 밤 사진을 표지 앞뒤에 사용해보자는 것이었다. 그리고 그가 디자인을 담당하고 있던 간사이의 생활정보지 《플레이가이드저널》의 표지를 그리던 모리 에지로(森英二郎) 씨에게 일러스트로 데라시마를 그려달라고 하면 어떨까 생각했다.

그는 집으로 돌아와서는 바로 자신의 방 제도판 앞에 앉아 연필을 들고 사륙판용 레지스터마크를 그리기 시작했다.

"저는 일이 들어오면 너무 흥분해서 그 반작용으로 오히려 기분이 가라앉는 스타일이에요. 그때도 사진과 모리 씨의 일러스트라니! 그런 걸 생각하자 잠을 이룰 수가 없었죠. 온종일 책만 생각하면서 사진을 찍으러 갔다 오고 시간이고 뭐고 다 잊고 사식을 자르거나 붙이곤 했어요."

얼마 후 빨간 테두리의 창으로 들여다보이는 가마가사키의 변두리 사진에 모리 에지로 씨가 그린 청색 점퍼와 헌팅캡을 쓴 데라시마 씨의 일러스트가 두드러진 표지가 완성되었다. 제목의 '가마가사키(釜ヶ崎)'라는 글자에만 명조체를 사용하고 '여인숙의 긴 거리(旅の宿りの長いまち)'라는 인상적인 부제와 저자명 '데라시마 다마오(寺島珠雄)'는 고딕체로 했다. 그러자 '가마가사키'라는 지명이 멀리 떨어져 있는 것처럼 보였고 그 때문에 깊이감과 입체감이 생겼다. 커버를 벗겨낸 속표지에는 일러스트 그림자를 넣었다. "이 고딕 용법은 당시 제가 아주 좋아하던 히라노 고가(平野甲賀) 씨의 영향을 받은 거였어요"라고 구사카 씨는 덧붙였다.

"그때까지만 해도 북디자인이 제 주된 일이 될 거라고는 생각

지도 못했을 때였죠. 하지만 굉장히 재미있었어요. 책을 읽는 것
도 보는 것도 좋아했거든요. 다만 이렇게 예전 작업을 되돌아보
니 뭔가 부끄러운 기분이 드네요."

디자인은 어디서든지 할 수 있다

구사카 씨가 지금같이 디자인 의뢰를 많이 받게 된 건 조금 더
나중의 일이었다. 당시 그는 《플레이가이드저널》의 표지와 본문
디자인을 주된 업무로 하고 있었다. 거기에 이르기까지도 많은
우여곡절이 있었다.

그는 중학교 시절 미술교실 강사로부터 '상업미술을 해라'라
는 말을 들은 후 미술대학에서 디자인 공부를 하려 했지만 진학
은커녕 고교를 중퇴하기에 이르렀다. 그 후 열여덟 살이 다 되도
록 일정한 직업조차 없는 걸 걱정하던 친구가 아는 사람에게 부
탁해서 소개해준 곳이 오사카의 디자인 사무소였다.

신사이바시에 있던 디자인 사무소에서는 마쓰시타전기(현 파나
소닉), 오노약품공업, 동양고무공업 등 오사카에 본사를 둔 기업

들의 광고를 도맡아 했고 고도경제성장기라는 큰 파도를 타고 많은 일손을 필요로 했다.

"우선 작품을 보고 싶군."

사장에게 이 말을 듣고 그는 그날로 집에 들러 지금까지 대형 스케치북에 그려둔 로고나 디자인 등을 가지고 가 보여주었다.

"빠릿빠릿하게 움직이는 게 마음에 들었던지 '내일부터 출근해'라고 하시더군요."

이제 갓 열여덟 살이 된 구사카 씨는 직원 오륙 명이 일하는 디자인 사무소에서 한동안 허드렛일을 했다. 아침에는 제일 먼저 출근해서 디자이너가 쓰는 제도판과 켄트지에 물감이 잘 먹도록 물을 묻혀 화판 위에 붙이고 색을 들인 후 종이가 비뚤어지지 않도록 하는 일, 포스터컬러 색을 만들거나 복사를 해놓거나 T자로 광고문에 쓸 칸을 만드는 일 등이 그에게 주어진 첫 업무였다.

인상적이었던 건 오전에 선배와 함께 마쓰시타전기 사무실 같은 델 가면 홍보부 문 앞에 각 디자인 사무소 담당자들과 줄지어 서 있어야 했다.

"예를 들어 테크닉스(마쓰시타전기의 스피커 브랜드)에서 팸플릿을 만들 일이 생기면 홍보부 사람들은 자신들의 계획을 잘 구현해 내는 디자인회사에 일을 발주합니다. 그래서 우리는 '오늘은 일 할 거 뭐 없나요?' 하고 문 앞에서 기다려야 했던 거죠."

그러나 이 디자인 사무소도 1년 정도 지나서 결국 그만두었다.

어느 날 한 업체 직원이 "이 상품은 아직 결함이 있는데 위에서 하라고 하니까 광고 내는 거야" 하고 말하는 걸 듣고 싫다는 생각이 든 게 이유였다고 한다. 학생운동이 한창이던 당시 분위기도 영향을 주었을 것이라고 했다.

"아직 10대였기 때문에 정의감 같은 것도 있었을 거예요. 어린 생각에 그런 결함이 있는 상품의 광고에 가담하지 않고 좀 더 순수하게 디자인을 하고 싶다고 생각했던 거죠. 그래서 스스로 미디어를 만들어내는 게 제일 좋겠다는 생각에 신사이바시의 다이마루 백화점 앞에서 친구와 함께 만든 미니잡지를 지나가는 사람들에게 팔게 되었던 거예요."

그때 만든 미니잡지는 이렇다 할 주제도 없었고 직접 디자인을 하기 위해 적당히 내용을 꾸민 잡지였다. 물론 잘 팔리지는 않았지만 기획부터 인쇄, 제본까지 모든 걸 스스로 준비해본 게 많은 공부가 됐다고 한다. 그리고 인생이란 신기해서 그때 길에서 만난 몇몇 손님이 그가 프리랜서 디자이너로서 일할 수 있는 계기가 되어주었다.

"그때는 학생운동을 하는 사람들, 독립영화나 음악을 하는 젊은이들이 꽤 많았어요. 길에서 미니잡지를 팔고 있는 녀석은 흔치 않았으니까 재미있어하면서 다가와 동료나 친구가 되었던 거예요. 그러다가 독립영화 포스터를 부탁받기도 하고 등사기로 록 신문을 만들기도 하면서 점차 아는 사람이 많아졌지요.

학생운동을 하는 사람들은 주로 실크스크린을 사용했는데 니스가 묻은 종이를 밀랍으로 종이에 붙여 자른 다음 실크 판에 다리미로 글자를 붙이는 일은 꽤 재미있었어요. 자유로운 공간에서 영화상영회 같은 걸 하면 사람들이 모여들잖아요. 거기서《플레이가이드저널》편집자와도 알게 되어 '표지 한번 해볼래?' 하며 일을 부탁받게 되었지요."

1971년에 창간된《플레이가이드저널》은 '플가저'라고 불리며 많은 사람들에게 사랑받은 간사이 지역 정보지다.《피아》는 다음 해인 1972년에 창간되었다. 영화나 라이브 공연 등 거리의 엔터테인먼트 정보를 모은《플레이가이드저널》은 다양한 이벤트를 주최하기도 하면서 70년대 서브컬처에 큰 영향을 미쳤고 일본에서 '정보지'라는 장르가 탄생하는 계기가 되었다. 구사카 씨가 처음으로 북디자인을 맡은 책의 저자인 데라시마 다마오도 이 잡지의 필자였다.

미술교실 강사에게 '상업미술을 해라'라는 말을 들은 지 거의 10년 만에《플레이가이드저널》의 디자인을 담당하면서 그는 서서히 디자인 폭을 넓혀갔다.

"그 시기에 제가 한 일 중 제일 큰 일은 이시이 히사이치(いしいひさいち)의《도넛 북스》표지 디자인을 맡은 거예요."

구사카 씨는 그때가 그리운 듯 말했다.

"그가《플레이가이드저널》에서 만화 〈바이트군〉을 연재했던 게 인연이 됐죠. 신서판 시리즈의 만화책 표지를 세 가지 색으로 배합해서 각 권마다 배색에 변화를 주었어요. 편집을 맡은 무라카미 도모히코(村上知彦) 씨 등이《피너츠 북스》라는 스누피 단행본을 염두에 두고 만들고 있었거든요."

그는 신간이 나올 때마다 색이 다른 세 가지 선이 들어간《도넛 북스》를 '후지야의 삼색 캔디'라고 불렀다.

"이 책이 편집자들에게 대단히 높은 평가를 받은 겁니다. 지금 생각해보면 도쿄로 나오게 된 계기가 되었죠."

구사카 씨는 1985년에 도쿄 다카다노바바에 작은 사무실을 마련하기에 이르렀다. 이시이 히사이치 씨의 단행본 덕분에 후타바샤 쪽과 친분이 생겼고 서서히 후타바샤에서 출판되는 만화나 단행본 디자인 의뢰도 늘어났다. 그것이 그가 오사카를 떠나 도쿄로 온 이유 중 하나다.

일본 출판은 도쿄에 편중되어 있다. 대부분의 출판사가 도쿄에 있어서 북디자이너가 간사이에 거점을 두고 있기엔 불편했던 것도 사실이다. 당시는 거품경제 전이라 제지 회사의 개발 경쟁으로 표지나 본문에 사용하는 종이 종류도 꽤 다양해지고 있던 때였다. 도쿄에서는 전통 있는 종이 전문도매상 다케오가 서적 용지 보급에 힘을 쓸 때여서 디자이너는 비교적 신제품 정보를 쉽게 알 수 있었다고 한다. 하지만 오사카에서 활동하던 구사카 씨는 종이를 마련하는 데 상당히 고생했다고 한다.

당시 큰 서점에는 멋진 책이 많았다. 기쿠치 노부요시(菊地信義) 씨나 도다 쓰토무(戸田ツトム) 씨 같은 동시대 디자이너가 활동할 때였으며, 쇼분샤에서 출간되는 작품을 거의 도맡아 하고

있던 히라노 고가(平野甲賀) 씨, 일본 현대 디자인의 거장 스기우라 고헤이(杉浦康平) 씨가 디자인한 책이 진열대에 나란히 놓여 있는 핫한 시절이기도 했다.

아름답다고 느껴지는 책은 비록 읽지 않더라도 가까이에 두고 싶어진다. 그리고 그들이 사용하는 서체나 종이는 종종 유행이 되기도 했다. 하지만 오사카에서는 그런 종이를 사려 해도 종이 종류를 알 수가 없어서 안타깝기만 했다.

"간사이의 종이도매상에 문의해도 모른다고 해서 쓰고 싶어 도 쓸 수 없는 종이가 많았어요. 그래서 전 한때 제가 디자인한 책에 사용한 종이 종류의 명칭을 쓰곤 했어요. 만약 제가 젊었을 때 좀 더 다양한 종이를 알고 있었더라면 고생하지 않았을 텐데 하고 생각했기 때문이죠."

이즈음 구사카 씨에게 가장 인상 깊었던 일은 세키카와 나쓰오(関川夏央)가 쓴《해협을 넘은 홈런》을 디자인한 일이었다. 고단샤 논픽션 상을 수상한 이 책은 갓 발족한 한국 프로야구를 무대로 일본에서 참가한 재일 한국인 선수들의 악전고투를 그린 이야기다. 일본과 한국의 서로 다른 문화를 논한 걸작인데 구사카 씨는 저자인 세키카와 씨의 취재에도 동행한 적이 있다. 서울

올림픽 개막 전에 한국 거리를 걷고, 책에 등장하는 선수들을 만나고, 현지 구장의 분위기를 직접 피부로 느꼈던 것이다. 데라시마 다마오의 작품에서 그랬듯 그런 경험을 가능한 한 책 디자인에 반영하는 게 그의 작업 방식이다.

이 책에서는 뒤표지에 주인공 중 한 사람인 후쿠시 히로아키(福士明夫, 1950~2005; 한국명은 장명부다-옮긴이) 선수 사진을 대담하게 싣고, 앞표지에는 크림색 바탕에 서너 개의 서체를 사용해 제목과 저자명을 배치했다. 특히 신경을 쓴 것은 표지에 세세하게 뜬 목재 조각의 질감을 살리는 것이었다. 그 소박한 느낌이 올림픽 전의 한국 거리와 야구장에서 느낀 메마르면서도 어딘가 그리운 분위기를 표현할 수 있겠다고 생각했기 때문이다. 다만 그러기 위해서는 좀 더 고민할 필요가 있었다. 실제로 카이젤을 사용하면 뒤표지의 사진에도 섬유 찌꺼기가 섞여 들어가 버리기 때문이었다. 하지만 사진이 지저분하게 보여서는 안 되었다. 그래서 그는 파미스(구김지 같은 느낌이 나는 종이-옮긴이)지에 카이젤 자체를 인쇄하기로 했다. 파미스의 부드럽고 가벼운 촉감에 나뭇조각이 박힌 카이젤 형태를 조합해 양쪽의 좋은 점을 모두 취한 것이다.

"종이에 종이를 인쇄하면 누구도 본 적이 없는 느낌을 만들어 낼 수 있으니까요. 사진도 살리고 싶고 카이젤도 사용하고 싶었거든요. 그 두 가지를 모두 충족시키기 위해 당시에는 상당히 고민을 많이 했어요. 서체를 여러 개 쓴 건 뭐랄까요, 젊은 혈기의 소치였지요. 지금은 될 수 있으면 서체는 하나로 하고 디자인도 단순하게 하려고 해요."

서가의 풍경은 시대의 공기를 만드는 일

구사카 씨가 북디자이너로서 영향을 받은 인물은 도쿄로 올라오기 전 해에 기노시타 준지(木下順二)의 《본향》을 디자인해 고단샤 출판문화상을 수상한 히라노 고가(平野甲賀) 씨라고 했다. 구사카 씨가 도쿄로 온 후 인기 북디자이너가 될 수 있었던 데는 히라노 씨가 《해협을 넘은 홈런》을 높게 평가한 일, 또 세키가와 씨가 주위에 구사카 씨를 소개해준 덕분이다.

다카시마야 백화점 홍보실에서 근무하던 히라노 씨는 독립 후 전위연극 공연 붐을 이끌었던 극단 블랙텐트의 포스터와 무대

미술에 관여하기 시작했다. 구사카 씨도 오사카에서 블랙텐트의 광고 전단지 디자인을 돕고 있었기 때문에 그 인연으로 도쿄에 와서 가끔 히라노 씨의 작업실을 찾게 되었다고 한다.

구사카 씨가 북디자인을 하면서 늘 마음에 새기고 있는 것은 당시 히라노 씨가 따뜻한 말투로 건넨 말 한마디였다.

"책을 만든다는 건 운동이야."

이 말은 히라노 씨가 자주 하던 말로 몇 개의 해석이 가능하다.

먼저 책을 디자인하는 것은 단순히 디자이너 혼자서 만들어내는 것이 아니라 편집자와 때로는 저자와 논의를 거듭한 끝에 변화하며 서로의 관계를 깊게 해나가는 사이에 시들기도 하고 극대화되기도 하는 것이라는 것이다.

히라노 씨는 저서 《히라노 고가의 장정술, 좋아하는 책의 형태》에서 다음과 같이 쓰고 있다.

"표지 디자인이 책과 독자를 이어주는 것이 아니다. 책과 독자를 이어주는 것은 어디까지나 책의 내용이다. 디자인은 작은 서비스다. 내가 할 수 있는 일은 출판사가 어떤 생각으로 책을 만들고 있는지, 그 움직임을 잔물결처럼 가능한 한 기분 좋게 표현해내는 일이 아닐까?"

-《히라노 고가의 장정술, 좋아하는 책의 형태》중에서

히라노 씨는 늘 편집자와의 협의가 얼마나 중요한가를 말해왔다. 편집 방침은 어떤지, 어떤 책을 만들고 싶은지를 생각하고 지금까지 어떤 책을 출간해왔는지, 그 동향 속에서 자신이 일정한 역할을 다하는 것 그것이 북디자이너의 일이라고 말한다.

"출판사의 동향뿐만 아니라 세상의 동향이라는 게 있잖아요. 책은 나와야 하는 시기가 있다고 생각해요. 왜 그 책을 그때 내고 싶은 걸까? 그걸 정확히 이해하기만 하면 그만큼 살아남는 책이 되기도 하지요. 그 시기에 잘 맞고 그걸 분명히 의식할 수 있는 책을 만들고 싶어요. 틀려도 좋으니까 편집하는 사람들이 그걸 이해해줬으면 좋겠어요."

-《히라노 고가의 장정술, 좋아하는 책의 형태》중에서

구사카 씨는 히라노 씨의 이런 생각을 자기 나름대로 해석해왔다고 한다.

"히라노 씨는 원래 연극을 통해 운동하던 사람이라 그런 인상적인 말을 할 수 있었던 걸까요? 책을 디자인하는 행위는 우리가 생각하는 것보다 사회와 더 깊이 연관된 행위예요. 책을 만드는 관계자가 다 함께 논의해서 의기투합하거나 서로 존중하면서 아이디어를 확장해가는 게 북디자인인 거죠. 그렇게 하지 않으면 그저 한낱 전단지를 만드는 것과 다르지 않으니까 말이죠. 그래서 기회가 있으면 저자가 일하는 곳에 따라가기도 하고 가능한 한 그 책에 깊이 관여하려 합니다."

게다가 책을 디자인하는 것은 일종의 사회운동이기도 하다고 그는 말했다. 북디자이너가 디자인한 책은 최종적으로 서점에 진열된다. 그 집합체인 진열대나 서가의 풍경은 시대의 공기를 만들어내는 일이기도 하기 때문이다.

북디자인이 시대를 말한다

구사카 씨는 당시 신간 중 도다 쓰토무 씨가 디자인한 《우아한 생활이 최고의 복수다》를 자주 언급했다. 이 책은 스콧 피츠

제럴드(F. Scott Fitzgerald)가 《밤은 부드러워》에서 모델로 한 화가 부부의 교우관계를 통해서 1920년대 미국의 상류계급과 피카소나 헤밍웨이 등 그 시대의 예술가들을 그린 논픽션이다. 2004년에 신초문고에서 복간되긴 했지만 한 번만 봐도 매력을 느낄 수 있는 이 책은 1984년 리프로포트에서 출판했다.

구사키 씨는 책 한 권을 들더니 "이거 굉장하지요?" 하고 싱긋 웃었다. 분명 참으로 존재감 있는 책이었다.

표지와 권두화(책이나 잡지 첫머리에 넣는 그림-옮긴이) 종이로 사용된 건 섬유가 섞인 듯 보이는 앞에서 말한 카이젤. 제목에는 두 가지 종류의 명조체를 사용하였고 본문 용지는 붉은빛이 나는 종이를 사용하였다. 본문 서체는 요미우리신문의 표제어용 명조체인 YSEM이다. 새로움과 전통이 서로 대립하고 합쳐지면서 자아내는 독특한 분위기가 있다고 할까?

구사카 씨가 "굉장하지요?" 한 건—1978년생인 나는 상상할 수밖에 없지만—거기서 1980년대라는 시대의 정서 같은 것, 혹은 거품경제 전 시대의 향기나 냄새 같은 것이 수증기처럼 떠오르는 걸 느끼기 때문일 것이다.

"이런 책들이 서점에 가면 나란히 놓여 있었던 겁니다. 이 책을 처음 봤을 땐 굉장히 충격적이었어요. 잘라 붙인 느낌의 서체와 샤켄에서 막 출시된 수영명조가 조합되어 있어서였죠. 이 서체는 그 당시에는 저도 몰랐었는데 수수께끼는 몇 년 뒤에 풀렸습니다. 표지와 본문 디자인만으로도 이렇게까지 할 수 있구나 하고 감동했었습니다. 지금이라면 더더욱 하기 힘든 도전이겠죠. 하지만 살아남을 수 있는 종이책 디자인이란 이렇게 손이 많이 갔기 때문 아닐까요?"

'소세키본' 때도 그랬듯이 매력적인 디자인의 책을 발견하자 구사카 씨는 진심으로 기쁜 듯 눈을 반짝였다. 그래서 와세다대학 근처에 있는 사무실로 찾아가서 그의 이야기를 들을 때 나는 여러 번 '이 사람은 진심으로 책을 좋아하는구나'라고 생각했다. 좋다고 생각한 건 마음껏 칭찬하고 싫은 건 싫다고 거침없이 말하는 한 마디 한 마디에 책을 향한 애정이 전해져왔다.

아름다운 책을 향한 동경

구사카 씨는 1990년부터 《예술 신초》 디자인을 20년 넘게 해왔다. 또 90년대 전반에는 한때 히라노 고가 씨를 대신하여 쇼분샤의 디자인 업무를 맡은 적도 있었다. 전성기에는 단행본, 코믹, 잡지를 포함해 한 해에 백 권 정도를 디자인해 작업 축적량 또한 방대하다. 나는 그의 작품 일부가 진열되어 있는 구사카 씨의 작품 세계를 이루고 있는 사무실 서가를 처음 봤을 때 책 한 권 한 권에 그의 애정이 가득 담겨 있구나라는 데 생각이 미치자 그에 대해 미더운 생각마저 들었다.

그는 타이포그래피라고 불리는 서체 연구자와도 친분이 있지만 "특별히 공부하고 싶다고 생각하고 뭔가를 한 적은 한 번도 없다"고 했다.

"그 세계를 좋아하면 스스로 이것저것 생각하고 모르면 남에게 묻고 싶어지지요. 그렇잖아요? 북디자인이란 게 담담하게 직업으로만 할 수도 있어요. 하지만 그것 역시 나에게도 하나의 운동인 거죠. 그렇기 때문에 하는 방법과 즐기는 법이 있죠. 그런 거라고 생각합니다, 책을 디자인하는 건."

구사카 씨는 유럽에 있는 교회에 가면 수백 년 전에 만든 종이 책이 장식되어 있듯이 아름다운 책을 향한 동경은 계속될 것이라고 했다. 그렇게 믿고 있기 때문에 책을 디자인하는 일에 열의

가 끓어오르는 것이라고.

"보석 같은 책은 설령 돈을 들이지 않더라도 만드는 사람들이 노력과 시간을 들여서 필사적으로 생각을 짜내 만들어낼 수 있어요. 그걸 보고 '나도 이런 책을 만들고 싶다'라고 생각하는 사람이 있는 한 책은 살아남을 겁니다. 그러려면 종이책은 역시 아름답지 않으면 안 되고요."

제6장

세상의 모든 책은
종이였다

"종이는 살아 있는 것이기 때문에
온도와 습도, 그날 제지기의 상태 등
여러 가지 조건에 의해 결과물이 달라집니다."

공업 제품으로서의 책

　피부를 찌르는 듯한 태평양의 차가운 바닷바람에는 펄프를 만드는 냄새가 뒤섞여 있었다. 드문드문 눈이 쌓인 구내 발전시설에서 하얀 수증기가 뿜어져 나오는 하늘을 올려다보니 하늘 높이 올라간 수증기가 흐린 하늘로 녹아들 듯 희미하게 사라지고 있었다.

　높이 60미터의 펜슬형 로켓 모양을 한 탑 위에서는 하치노헤 시의 임해공업지대가 한눈에 내려다보인다. 탑은 연속증해부(連続蒸解釜, 이하 증해부라 함)로 눈 아래 펼쳐지는 45만 평 부지에는 미쓰비시제지 공장의 다양한 공장 설비가 줄지어 있다.

　제지공장의 설비란 모두 하나같이 거대하다. 오스트레일리아에서 온 거대한 화물선, 운반된 석탄이 산더미처럼 쌓여 있는 돔 모양의 창고, 부지에는 집채만 한 목재 칩(펄프 및 섬유판의 제조 원료로 사용하기 위해 목재를 잘게 절삭한 목재 조각-옮긴이)이 쌓여 있고 벨트 컨베이어를 통해 증해부에 투입된다.

그 앞에 있는 건물 안에서는 굉음을 내며 제지기가 돌아가고 펄프가 풀린 물이 굉장한 속도로 흐르고 있다. 이와 같은 공정은 공장 안에서 하나의 흐름으로 이어지고 완성된 종이 롤은 규칙적으로 움직이는 재단기에 의해 절단되어 트럭에 실려 전국으로 출하된다.

내가 서 있는 증해부의 '증해(蒸解)'란 종이의 원료가 되는 펄프를 만들어내기 위한 첫 번째 공정이다. 목재 칩은 주로 유칼립투스를 가늘게 조각낸 것으로 먼저 증해부 꼭대기 부분으로 투입된 후 수산화나트륨과 유황화합물 등의 증해액과 함께 졸여지면서 5시간 동안 아래로 천천히 내려간다. 종이는 물에 불린 식물 섬유를 두드린 후 그것을 떠서 건조시켜 만든다. 목재 칩에 남은 나무진액을 녹여서 제거하고 섬유분만 남아 표백된 펄프가 지금 우리가 읽고 있는 책과 잡지를 만드는 종이의 원료인 것이다.

이렇게 제지공장의 거대한 설비들을 한눈에 내려다보고 있자니 한 권의 책이라는 것이 대량생산의 중후장대((重厚長大, 중화학공업 등 산업적 특성을 가리키는 경제용어. 이들 산업이 무겁고, 두껍고, 길고,

큰 제품을 취급하는 데서 유래한 말이다-옮긴이)한 시스템 속에서 한 방울씩 떨어지는 물방울 같은 것임을 실감할 수 있다.

학생 때 읽은 가치 있는 소설, 어린아이들이 소중하게 가슴에 안고 침실로 들고 오는 그림책, 어렸을 때부터 본가 책장에 꽂힌 채, 하지만 결코 버릴 생각은 전혀 없는 풍경의 일부가 된 어떤 유명 작가의 전집(그건 돌아가신 아버지께서 헌책방에서 사신 것이다). 나는 그 책들을 볼 때마다 한 권 한 권 추억이 담긴 자취를 더듬곤 하지만 그 끝에 오스트레일리아나 칠레에서 잘려 나온 유칼립투스 나무와 거대한 화물선에 쌓인 석탄, 열과 습기가 가득 찬 건물에서 가동되는 제지기가 있다는 걸 지금까지 단 한 번도 상상해본 적이 없다. 종이는 현대 사회를 살아가는 우리에게는 당연히 존재하는 것이었으니까. 그러니 그 당연히 존재하는 종이가 만들어지고 있는 현장에서도 많은 사람들은 책에 대한 깊은 애정을 품고 있다.

공장이 내쉬는 숨결

그걸 분명하게 깨달은 건 동일본대지진이 있었던 2011년 가을 처음으로 이 산리쿠제지 하치노헤 공장을 방문했을 때였다. 당시 나는 《부흥의 서점》이라는 책을 쓰기 위해 도호쿠에서 재해를 당한 서점을 취재하고 있었다. 해일로 대부분의 책이 떠내려갔는데도 오히려 책을 배달하고자 하는 서점원들, 지역의 신문기자와 작은 출판사 경영자, 피해 지역에 책을 전달하려고 애쓴 사람들의 이야기를 들으면서 제지공장의 피해와 복구는 어떻게 이루어졌는지 관심을 가지게 되었다.

지진 재해는 우리가 당연한 듯이 사용하던 많은 제품 하나하나가 평상시에는 거의 의식하지 못하는 인프라 속에서 나오는 것이란 걸 깨닫게 한다. 종이도 그중 하나였다. 일본에서 사용되고 있는 서적 용지는 도호쿠, 특히 해일 피해가 컸던 산리쿠 연안과 깊은 인연이 있다. 사사 료코(佐々涼子)가 쓴 《종이야, 이어줘! 그들이 책 만들 종이를 만들고 있어》에서 그려진 이시노마키시에 있는 일본제지 이시노마키 공장, 그리고 이 미쓰비시제지 하치노헤 공장에서 단행본에 사용하는 상질지, 잡지에 사용하는 그라비아지와 광고용 코트지 대부분이 생산되고 있었기 때문이다. 서적 용지 중에는 특정 공장에서만 생산되는 대체 불가능한 제품도 있다. 그렇기 때문에 재해 당시 편집자나 출판사의 자재 담당자들 사이에서는 단행본이나 잡지를 만들기 위한 종이 공급이 중단될까 봐 걱정하는 소리가 나왔다.

해일에 휩쓸린 일본제지 이시노마키 공장은 스무 채 정도 되는 주택 공장 안으로 물이 흘러들어오는 피해를 입고 재해 후 제지기를 복구하는 데까지 1년여의 시간이 걸렸다. 임해공업지대에 위치한 미쓰비시제지 하치노혜 공장에서도 재해 당시 근처 고지대로 피난한 직원이 "공장은 이제 끝이구나" 하고 자기도 모르게 중얼거릴 정도로 막대한 피해가 발생했다고 한다.

해수면에서 8.4미터 높이의 해일에 휩쓸린 공장에는 우드 칩과 종이롤, 판지, 승용차와 화물차가 건물 내부까지 들어와 어지럽게 흩어졌고 여기저기 물고기가 떠밀려왔다. 해일이 지나간 후 제지기는 침묵했고 평상시라면 활기찬 소음이 울려 퍼졌을 공장은 잠든 듯 고요하기만 했다. 하지만 하치노혜 공장은 재해를 당한 지 불과 2개월 반 만에 제지기 한 대를 가동시키기에 이른다. 그 과정을 취재했을 때, 특히 지금도 가슴 깊이 남아 있는

건 공장 직원들이 하나같이 말하는 1개월 만에 자가발전설비를
가동시킨 날의 광경이었다.

약 2,000명의 종업원이 3교대로 일하는 하치노헤 공장은 그
지역에서 고용창출을 가능케 한 중요한 기업이다. 공장이 생산
을 개시한 것은 1967년. 하치노헤시의 유치기업 제1호로 처음에
는 제지기 두 대로 출발했다. 하치노헤에는 원래 사철강이나 시
멘트 산업이 있기는 했지만 문화와 기술의 향기가 감도는 종이
생산에 지역 사회는 더 큰 기대를 했다.

임해공업지대는 하치노헤의 시베리아라고도 불리는 혹독한
환경으로 겨울 추위는 말할 것도 없고 봄이 되어도 바닷바람에
눈 섞인 모래 먼지가 날리곤 했으며 언 땅이 녹으면서 진흙탕이
돼버려 공장 건설을 방해했다. 시내에 공사를 담당하는 근로자
들이 묵을 충분한 숙박시설조차 없었기 때문에 부지 내 해안에
치로링 마을이라고 부르는 가설주택을 설치해야 했다. '바람이
불면 모래가 방안으로 들이치고 비가 내리면 함석지붕 위로 떨
어지는 빗소리에 잠을 이룰 수 없는 열악한 시설이었지만 바닷
가에 달맞이꽃이 만발하고 바다에는 수많은 오징어잡이 배의 불
빛이 물결 사이로 보이다 사라지다 하는 풍경은 근로자들의 마

음을 어루만져주었다. 밤이면 술잔을 주고받으며 함께 하치노 헤의 내일을 이야기했던 일은 잊을 수 없다'고 회사 사사(社史)는 전하고 있다. 그렇게 2년간에 걸친 난공사 끝에 완성된 공장은 그 후 약 50여 년간 규모를 확대하여 지금은 총 7대의 제지기를 가진 거대 공장으로 지역 고용을 창출하고 있다.

공장이 조업을 시작한 이래 자가발전기는 정기점검하는 며칠 을 빼면 일 년 내내 불을 밝혔다. 그런데 재해 이후 한 달 가까이 굴뚝에서 피어오르는 하얀 증기가 사라지자 공장에서 일하던 사 람들과 주변 주민들까지 공장의 죽음을 떠올렸다.

보일러와 발전기가 다시 가동된 건 2011년 4월 4일. 공장 서 남쪽에 있는 굴뚝에서 증기가 나오기 시작하자 공장 내에 있던 사람들은 잠시 일손을 멈추고 하늘을 올려다보았다고 한다.

"그건 마치 부흥의 신호처럼 보였습니다."

현장에 있었던 한 직원은 당시의 심경을 이렇게 전했다.

고지대에 있는 사택에서 버스를 타고 공장으로 이동하던 교대 인원 중에는 천천히 피어오르는 증기를 보고 조용히 눈물을 글 썽이는 사람도 있었다고 한다.

"어떻게든 해보는 거야."

그들 마음속에는 '공장은 이제 끝이구나' 하는 마음 따윈 티끌만큼도 남아 있지 않았다.

하치노헤 공장에서 첫 번째 제지기가 가동되기 시작한 건 5월 24일. 유리창 너머 운전실에서 스위치를 올리자 제지기의 회전수가 조금씩 상승해갔다. 숨을 죽인 채 그 모습을 지켜보던 사람들은 서로의 노고를 위로했다. 새하얀 펄프가 기운차게 흐르는 모습은 잠에서 깨어난 기계가 그들을 축복하는 것처럼 여겨졌다고 한다.

종이는 생명을 낳기 위한 밑거름이다

그로부터 4년이 흐르고 나는 증해부 위에서 다시 공장을 내려다보았다. 그때 만난 공장 사람들의 말을 떠올리면서 나는 이곳에 와서 책에 대한 생각이 분명 이전과는 다르게 변했다는 걸 다시금 느꼈다. 해일이 산리쿠 해안을 덮친 이후 그리고 재해에 맞선 그들의 이야기를 듣고 난 후, 서점에서 신간 서적 한 권을 살 때도 이 종이는 어디에서 온 걸까 하고 도호쿠의 피해지역에 대해 생각하게 되었기 때문이다.

생각해보면 책을 만드는 종이에는 참으로 다양한 종류가 있다. 붉은 느낌, 푸르스름한 느낌 등 색조도 다양하며 의도적으로 어두운 느낌을 내는 종이도 있고 산뜻한 기품을 전면에 내세운 종이도 있다. 두께나 경도도 종류가 수없이 많으며 이에 더하여 매끈한 촉감, 책장을 넘길 때의 느낌 등이 제각기 다르다.

"독자들은 책의 내용을 산다고 생각하기 때문에 서점에서 종이를 산다는 인식은 없을 겁니다. 하지만 그들 모두 우리가 만든 종이를 보고 있죠."

공장을 안내해준 양지사업부의 나카무라 요시오(中村禎男) 씨의 말이다.

종이는 목재 칩으로 만든 펄프를 떠서 수분을 제거하고 섬유를 얇은 한 장의 판으로 바꾼 소박한 소재다. 하지만 그 종이에 뭔가가 인쇄되면 다양한 가치가 생겨나고 제본되면 한 권의 책으로 변화한다. 쓰는 것이 책에 생명을 불어넣는 행위라면 종이는 그 생명을 낳기 위한 밑거름이다. 아무것도 쓰여 있지 않은 두터운 견본첩 한 장 한 장에도 개발자들의 드라마는 담겨 있다.

종이를 생산하는 현장에서 일하는 사람들은 이 소박한 상품에 어떠한 생각을 담고 싶은 걸까? 4년 만에 하치노헤 공장을 다시 방문한 나는 책에 대한 인식을 바꾼 계기가 된 도호쿠에서의 인연에 기대어 그들의 이야기를 다시 듣고 싶었다.

세계의 기억을 조금씩 좀먹어가는 질병

창업한 지 120년 가까이 지난 미쓰비시제지의 역사는 고베의 산노미야에서 제지업을 하던 미국인 월시 형제의 회사를 미쓰비시의 제3대 총수 이와사키 히사야(岩崎久弥)가 인수하면서 시작되었다. 무역상 월시 형제는 미국에서 인도, 그리고 상해를 거쳐 미·일 수호통상조약 체결과 함께 나가사키로 들어온 인물이다.

예로부터 종이의 원료는 사람이 입다가 낡아진 누더기 천이었다. 그런데 유럽에서 종이 수요가 증가하면서 누더기 천이 부족해지자 무명옷을 입는 일본인에게 눈을 돌렸던 것이다. 그즈음 자금난에 빠진 월시 형제를 도와주고 유럽제 제지기 수입에 한몫 한 사람이 이와사키 히사야의 아버지며 미쓰비시의 창업자인 이와사키 야타로(岩崎弥太郎)였다. 미쓰비시가 세 개의 다이아

몬드 마크를 사용하는 기업이 된 배경에는 메이지 시대의 실업가와 세계를 누비고 다닌 야심만만한 무역상과의 만남이 있었기 때문이다.

이렇게 시작된 미쓰비시제지의 긴 역사를 되짚어볼 때—거기에는 종이를 둘러싼 여러 가지 일화도 있지만—우선 내가 전하고 싶은 건 일본 서적 용지에 혁신을 가져온 연구와 그 연구에 10년 이상을 바친 한 명의 기술자에 대해서다. 그리고 1980년대 초 미쓰비시제지가 제지회사 중에서 가장 앞장서 추진한 서적 용지를 산성지에서 중성지로 바꾼 사업에 대해서다.

예전부터 책에는 물리적인 수명, 그것도 불과 몇십 년밖에 안 되는 수명이 있었다고 하면 의외라고 생각할지도 모르겠다. 20세기 중반 무렵 유럽과 미국에서는 도서관에 진열된 책이 누렇게 변해 품질이 나빠지다가 결국에는 가장자리부터 바스러져 망가지는 현상이 발생했다. 미쓰비시의 사사에 의하면 문제가 알려졌을 당시 프랑스 국립도서관에 소장된 1,000만 권 중 종이가 열화해서 글자를 읽을 수 없게 된 책이 67만 권에 이르렀으며, 한 잡지에서는 이 수수께끼 같은 종이 열화현상을 '세계의 기억을 조금씩 좀먹어가는 질병'이라고 불렀다.

미국의 도서관은 사태가 더 심각했다. 미국에서는 600만 권(장서의 3분의 1)에서 열화현상이 확인되었고 그중 200만 권은 읽기도 복사하기도 불가능한 상태였다. 그런 책은 종이에 탄력이 없어져서 조금이라도 세게 만지면 마른 잎처럼 바스러졌다. 도대체 책이 왜 이렇게 열화되어버린 걸까? 이상한 건 19세기 후반 이후에 제본된 책에서 이러한 손상이 집중되어 나타났다. 그보다 오래된 데카르트(René Descartes)나 몽테뉴(Michel de Montaigne)의 작품이 무사한 것에 비해 위고(Victor-Marie Hugo)나 마르셀 프루스트(Marcel Proust)의 작품들은 너덜너덜해지고 있는 상황이었다.

전문가들이 그 이유를 조사했더니 원인은 종이 제조에 사용된 산성 물질인 황산알루미늄 성분에 있다는 것을 알게 되었다. 종이가 산성을 띠게 하는 황산알루미늄은 제지업에서 대단히 편리한 소재였다. 인쇄용지는 잉크가 번지는 걸 막기 위해 로진(송진을 수증기로 증류하여 테레빈유를 제거한 다음에 남는 담황색 또는 갈색의 투명한 액체-옮긴이)을 종이에 정착시키는 제조 공정을 거친다. 황산알루미늄은 로진의 정착제로 사용하는 데 있어 매우 편리했고 또 펄프에 함유된 오염 성분을 흡착하는 효과도 있었다. 값이 싼 데다 종이 질도 좋아졌기 때문에 19세기 중반부터 세계 제지업에서 빠뜨릴 수 없는 물질로 사용됐던 것이다. 그러나 그로부터 1세기가 지나자 황산알루미늄은 지금까지의 편리함의 대가를 치르게라도 하려는 듯 책을 현저하게 열화시키기 시작했다. 산화되면서 섬유가 끊어지고 강도가 없어지는 사태가 발생했던 것이다.

바로 이 물질로 인해 종이가 열화되기 시작했는데 일본에서도 유럽이나 미국보다 20년 늦은 1900년 전후에 출판된 책과 전중·전후의 물자난 중에 만들어진 책의 손상이 점차 눈에 띄게 많아지기 시작했다. 따라서 국립국회도서관을 중심으로 산성지 문제를 논의하기 시작했다.

산성지 문제를 해결하는 건 이론상으로는 간단하다. 제조 공정에서 황산알루미늄을 빼고 그 물질을 대체할 만한 기능을 가진 산성이 아닌 다른 물질로 교체하기만 하면 된다. 하지만 말처럼 쉽지만은 않았다. 하치노헤 공장과 중앙연구소에서 새로운 서적 용지 개발을 시작했지만 제품화하는 데 10년 이상의 시간이 걸린 이유기도 하다.

서적 용지의 혁명 중성지

　현재 미쓰비시제지에서 촉탁직으로 근무하는 전 집행 임원인 히비노 요시히코(日比野良彦) 씨는 하치노헤 공장과 중앙연구소에서 종이의 중성지화 연구를 책임졌던 인물이다. 겉보기에는 느긋한 분위기를 풍겼던 그는―제지업계 사람들은 대체로 그렇지만―종이에 대해 이야기하기 시작하자 몸을 앞으로 내밀더니 적극적으로 당시 상황을 이야기하기 시작했다. 열정적인 그의 어투에서 종이에 대한 그의 애정이 전해지는 듯했다.

　"그땐 하치노헤 공장 기술부에 막 입사한 젊은 기술자였지요."

　회사에는 주력공장인 하치노헤 공장 외에도 도쿄 가쓰시카구에 있는 나카가와 공장(현재는 폐쇄되었다)과 효고현 다카사고시에 있는 다카사고 공장 등 종이를 생산하는 거점공장이 여럿 있었다.

　어느 날 과장이 부르더니 인쇄용지를 생산하는 하치노헤와 특히 서적 용지를 생산하는 주요 거점 지역인 나카가와 공장의 종이를 중성화하는 프로젝트를 시작하고자 한다고 했다.

　"자네가 그걸 하게."

툭 던지듯 내뱉는 이 말을 들었을 때 그는 아직 입사 2년 차 회사원으로서 큰 기회를 얻었다고 생각했다고 한다. 그러나 동료 대부분이 중성지를 만드는 건 불가능하다고 생각했고 그 역시 만만찮은 어려운 과제라는 걸 알고 있었다.

중성지 만들기는 소량이라면 그다지 어렵지 않다. 일본 종이에 쓰인 문자는 1,000년이 지나도 읽을 수 있을 만큼 좋은 상태로 보존되어 있다. 닥나무와 삼지닥나무, 닥풀 같은 식물을 원료로 하는 일본 종이에는 종이를 열화시키는 산성 물질이 포함되어 있지 않기 때문이다. 하지만 제지업이란 대형 기계를 사용하여 대량생산을 하는 중후장대한 산업이다. 거기에는 제품을 안정되게 공급해야 하는 높은 조업성이 요구된다. 물론 가격도 저렴해야 한다. 무엇보다 중요한 건 가공했을 때 원료에 대한 제품의 생산 비율이 좋아야 하고, 작업 과정에서 조금이라도 오염 물질이 섞여 들어가서는 안 되며, 오프셋인쇄 윤전기를 사용했을 때 고속인쇄에도 견딜 수 있는 강도 또한 필요했다. 더욱이 책으로 만들어졌을 때 뛰어난 감촉이나 책장을 넘기기에 편해야 한다는 조건들도 갖추고 있지 않으면 안 됐다. 다른 회사에서도 중성지 연구가 진행되고 있었지만 그런 조건을 모두 갖춘 인쇄용지를 만들어낸다는 것은 지극히 어려운 일이었다.

"우리 회사는 예전부터 출판사의 서적 용지 비율이 높았습니다. 전단지나 신문이라면 열화되어도 상관없지만 책이라면 역시 곤란하니까요. 중성지를 개발할 수 있다면 업무적으로도 선행 개발했다는 장점이 있고 성공하면 고객들도 반드시 기뻐해 줄 거라는 믿음이 있었습니다."

이후 그는 하치노헤 공장 한쪽에 있는 연구실에 틀어박혀 몇천, 몇만이 넘는 유형의 화학물질을 배합해가며 시제품을 만드는 나날을 보냈다.

"고독한 작업이었지요. '중성지를 만들다니 그런 게 가능할 리 없다.' 그게 주위의 공통된 의견이었거든요. 어쨌든 황산알루미늄을 대신할 소재는 알 수 없었고 약품을 배합하는 방법도 전혀 몰랐으니까요. 설령 사용할 물질이 정해진다 해도 그들 약품을 처음부터 하나하나 만들고 끝없이 조합해봐야 했거든요."

그래도 그는 조금 당당하게 미소를 짓더니 말을 이어갔다.

"그때는 아직 젊었기 때문에 그런 어려움을 즐길 수 있었던 것 같아요."

중성지 개발에 성공하다

히비노 씨가 소속된 연구 그룹은 산성지 문제에 대해 몇 년 일찍 연구를 시작한 미국의 제지업계를 돌아보고 우선 중성지를 만들기 위한 최첨단 연구에 대해 학습했다. 그 과정에서 부각된 건 황산알루미늄을 사용하지 않는 새로운 사이즈제(알킬케텐다이머alkyl ketene dimer라고도 한다. 이전까지 로진은 산성이 아니면 정착되지 않았기 때문에 황산알루미늄을 사용하지 않으면 안 되었다)를 어떻게 적절하게 사용할 수 있을까 하는 게 과제였다.

그들은 알칼리성이면서 종이에 하얀색과 부드러움, 불투명성을 주는 재료로 탄산칼슘에 주목했다. 탄산칼슘은 일본 국내에서도 공급할 수 있는 재료고 값도 싸다. 그래서 이를 토대로 약품 하나하나를 조합해 중성지 대량생산에 적용할 수 있게 하는 걸 목표로 세웠다. 종이에 사용되는 약품은 사이즈제 외에도 지력 증강제와 응집제, 보류제 등이 있는데 그들 조합을 찾아내는 작업은 무수하게 흩어진 조각을 하나하나 손으로 확인하면서 거대한 퍼즐을 맞추는 작업이었다.

펄프에 섞는 약품을 현탁액이라고도 한다. 히비노 씨는 이 현

탄액 조합이 끝날 때마다 연구실 책상에 있는 종이 뜨는 기계로 종이를 떴다. 그리고 그것을 건조시켜서 완성된 종이의 감촉과 강도를 확인할 때마다 "이걸로는 안 돼" 하며 다시 비커를 손에 들고 처음부터 다시 시제품을 만들어야 했다.

"섬유의 강도에 중점을 두어 만들면(예를 들어 닥종이는 섬유가 길고 엇갈려 있어서 질기다-옮긴이) 수분을 유지하는 힘도 동시에 좋아집니다. 하지만 그러면 건조시간이 길어져 생산성이 극도로 떨어지지요. 그렇다고 건조 속도를 중시하면 이번에는 강도가 약해집니다. 이 적절한 균형을 찾아내는 데만도 막대한 시간이 걸렸죠. 또 서적용 종이는 새하얗지 않고 연한 황색과 연한 붉은빛을 띠고 있습니다. 손으로 떠서는 한 번에 색을 낼 수 없기 때문에 떠서 물기를 빼고 물에 담갔다가 다시 뜨는 작업을 10회 정도 반복해야 겨우 하나의 시제품을 만들 수 있어요."

양산용 제지기로 시제품을 시험뜨기하는 데는 한 번에 수백만 엔 단위의 비용이 든다. 그는 기대되는 제품이 만들어질 때마다 상사에게 보고하고 제지기로 테스트를 했다. 긴장과 불안을 안고 버튼을 누르면 하얀 펄프가 기운차게 흘러간다. 하지만 예상했던 강도를 내지 못하고 붙어있어야 할 종이가 중간에 찢어져

버리는 일이 반복됐다.

"이런 배합으로 종이를 만들 수 있겠어!"

열기에 싸인 제지기 앞에서 상사에게 그런 호통을 듣고 난 후 그는 다시 연구실로 돌아가서 실험을 계속해야 했다.

"양산 직전까지 간 시제품이 마지막 순간 실패해서 처음부터 다시 하게 됐을 때는 이제는 도저히 안 되겠다는 생각에 사로잡히곤 했어요. 하지만 할 수밖에 없다, 그렇게 다짐하고 다시 배합을 분석했습니다. 그걸 몇 번이나 반복했는지 모릅니다."

그런 나날을 보내기를 3년, 1982년 드디어 그는 중성지 개발에 성공하기에 이른다. 하치노헤 공장에 있는 가장 작은 2호 제지기에서 양산 테스트가 시행되었다. 제지기 앞에는 공장장 이하 공장 간부들이 모여서 충분히 예열된 기계로 펄프가 흘러 들어가는 모습을 지켜보고 있었다. 말린 카펫이 단번에 펼쳐지듯 제지기에 하얀 물결이 나타났다. 그 순간 "아!" 하는 함성이 일었던 그때를 히비노 씨는 지금도 잊을 수가 없다.

"이번 배합에서는 종이가 제대로 붙었어!"

공장 간부와 기술자들이 모두 함께 탄성을 질렀다.

아직 따뜻한 기운이 남아 있는 종이를 만졌을 때 히비노 씨는 울컥 눈물이 나올 것만 같았다고 한다. 그 마음은 그로부터 20여 년 후 해일이 덮치고 간 자리가 복구되는 광경을 눈앞에서 지켜본 이들의 종이에 대한 열정과도 이어져 있을 것이다.

미쓰비시제지에서는 이후 4년에 걸쳐 모든 제지기를 중성지 생산으로 전환했다. 그들이 처음으로 생산한 중성지로 서적을 출판한 곳은 야기쇼텐이고 이와나미 서점과 쇼가쿠칸이 그 뒤를 이었다.

"오래 가는 책, 가게 앞쪽에 있습니다."

신문은 이런 제목을 달고 연구 성공담을 소개했다.

중성지 개발 성공 덕분에 몇십 년만 지나면 열화되던 일본의 책은 비로소 300년에서 500년까지 품질 보증이 가능한 제품이 되었다.

나카가와 공장의 추억

미쓰비시제지의 서적 용지는 현재 하치노헤 공장에 있는 2호와 7호 제지기에서 생산되고 있다. 그러나 예전부터 오랫동안 서적 용지 생산을 담당해온 것은 앞에서 말한 도쿄 가쓰시카구에 있던 나카가와 공장이었다. 나카가와 공장을 둘러싼 이야기와 하치노헤로 기술을 이전하는 책임자가 된 기술자를 먼저 소개하고 싶지만, 그보다 왜 고베에서 설립된 미쓰비시제지가 도쿄의 가쓰시카구에서 서적 용지를 만들게 되었는지 그 시대 배경부터 간단히 설명하고자 한다.

미쓰비시제지가 제조하기 시작한 서적 용지가 크게 거래되기 시작한 건 1917년 이와나미문고에서 출판된 나쓰메 소세키 전집에 이 용지가 채택되고부터였다. 지금 우리가 읽고 있는 제본 형태를 갖춘 책의 발상지는 말할 것도 없이 유럽이다. 제지 기술도 마찬가지여서 메이지 시대부터 일본의 근대화 과정에 이르기까지 책에 사용된 종이는 주로 수입지였다.

제1차 세계대전 때의 호경기를 배경으로 일본에서는 서양종이의 수요가 증가했으나 생산지인 유럽에서는 생산이 줄었기 때문에 종이 가격이 급등하게 된다. 그런 가운데 당시 국내 시장 점유율 1위를 자랑하던 미쓰비시제지는 유럽과 미국으로 기술자를 파견하거나 연구소나 기능공 육성학교를 설립하는 등 서적을 만드는 종이의 국산화를 서둘렀다.

미쓰비시제지는 서적 용지 개발을 위해 필요한 안료나 화학 약품을 제조하는 자회사를 설립하고 연이어 신제품을 개발해 1914년부터 10년 동안 매출액을 5배로 늘렸다. 자사 제품인 상질지(화학 펄프만을 사용한 질이 좋은 인쇄용지-옮긴이) 하쿠비시가 나쓰메 소세키 전집을 만드는 데 선택된 것은 당시 그들이 이룬 성과 중 하나였다. 애초 하쿠비시는 다카사 공장에서 생산되고 있었지만 급속한 생산 확대로 인해 새로운 공장 건설이 급선무인 상태였다. 그때 공장 입지장소로 그들이 주목한 곳이 시바마타다 이샤쿠텐 근처에 있는 전원지대였다.

도쿄 동부의 풍요로운 자연이 펼쳐진 이 지역이라면 에도가와 강에서 필요한 물을 끌어올 수 있고 배를 이용해 제품을 공급할 수 있는 장점이 있었다. 그리하여 1917년 조업을 시작한 나카가와 공장은 직공들의 기술이 향상됨에 따라 보다 좋은 품질의 상품을 생산할 수 있게 됐고 몇 년 후에는 하쿠비시, 긴비시 같은 서적 용지의 생산거점 지역으로 성장해갔던 것이다.

미쓰비시제지에서 경력을 쌓아온 고참 직원은 그런 역사를 가진 나카가와 공장이나 미쓰비시 나카가와라는 말을 들으면 그리운 고향 같은 향수를 느꼈던 것이다. 나카가와 공장을 하치노헤로 옮기는 프로젝트의 기술담당자였던 노부타 히로시(信田博司) 씨도 그런 한 사람 중 한 명이다.

"나카가와는 엄격한 공장이었지요."

민머리의 숙련된 엔지니어 분위기를 풍기며 그가 말했다.

"어쨌든 나카가와 공장은 장인 기질이 있는 사람들로 구성되어 있었거든요. 뭐라 말할 수 없는 화기애애한 분위기가 있었기 때문에 지금도 가끔 떠올리면 참으로 그립습니다."

나카가와 공장은 하치노헤 공장과 달리 구내에 펄프제조설비가 없었다. 그 때문에 이와테현 기타카미시에 있는 기타카미 공장(현재 기타카미 하이테크 페이퍼)에서 제조한 펄프에 수입 펄프를 섞어 배합을 바꿔가며 출판사의 다양한 요청에 맞춰 종이를 생산하고 있었다.

노부타 씨는 1987년에 입사해 부직포를 제조하는 부서에 있었지만 공장 안에서 서적 용지를 만들던 직공들의 모습이 아직도 선명하고 강렬하게 가슴에 남아 있다며 그때를 회상했다.

종이를 둘러싼 장인들의 세계

공장에서의 제조 공정이 컴퓨터로 관리되지 않았던 시절, 그들의 기술은 서적 용지를 만드는 데 있어서 없어서는 안 되는 귀중한 것이었다. 특히 그런 기술은 종이에 색을 낼 때 기가 막히게 발휘되었다. 종이 색을 조절하는 작업을 조색(調色)이라고 한다. 종이에는 주로 형광염료와 블루잉염료(표백 펄프를 환한 백색으로 보이게 하려고 사용하는 청색 염료-옮긴이)를 사용해서 색을 착색시킨다. 다만 서적 용지는 다른 종이제품과는 달리 황색이나 오렌지, 때로는 어두운 느낌을 내기 위해 갈색이나 검은색 염료를 사용할 때도 있다.

예전의 제지공장은 지금 같은 연속 공정이 아니라 제지기에 투입하기 전에 펄프를 수조에다 한꺼번에 모은 후 사람이 직접 염료를 넣어 착색시켰다. 그때 힘을 발휘하는 것이 숙련된 직공의 탁월한 솜씨다. 노부타 씨 같은 기술자가 보아도 그 모습은 실로 장인의 솜씨라고밖에 말할 수가 없었다고 한다. 그들은 펄프가 담긴 수조에서 떠 올린 원료수를 적당한 강도로 짜서 경단 모양으로 뭉친 후 줄지어 늘어놓고 그 펄프 경단이 마르면 경단

줄의 색조를 비교해가면서 자신의 감각에만 의지해 염료를 첨가했다. 만약 첨가하는 분량에 조금이라도 실수가 있으면 수조에 가득 찬 펄프는 못 쓰게 되어버린다.

나이 지긋한 한 직공이 노부타 씨에게 가슴을 펴고 자신 있게 말했다.

"난 한 번도 다른 색깔을 낸 적이 없단 말이지."

더욱 놀라운 건 종이 색이라는 게 펄프에 염료의 분량만 같게 넣는다고 늘 똑같은 색이 나오는 단순한 작업은 아니라는 것이다.

"종이는 살아 있는 것이기 때문에 온도와 습도, 그날 제지기의 상태 등 여러 가지 조건에 의해 결과물이 달라집니다. 당시는 그걸 펄프를 손으로 뭉친 경단만 보고 만들었으니 조색 작업은 그들 외엔 할 수 없는 일이었지요."

당시 20대 신입 엔지니어였던 노부타 씨는 종이를 둘러싼 장인들의 세계를 직접 접했던 것이다.

좋은 종이란 무엇일까?

1917년부터 86년 동안 서적 용지를 생산해온 나카가와 공장이 그 역할을 다한 것은 2003년 3월의 일이다. 펄프 제조 설비가 없는 나카가와 공장은 제조 원가가 높고 수익성이 낮았다. 또 제지 비즈니스에서 서적 용지 비율이 이전보다 낮아지고 출판계의 불황으로 그 수요 저하가 예상되는 것 등으로 인해 나카가와 공장부지 매각이 결정됐던 것이다. 그래서 서적 용지는 하치노헤 공장에서 제조하기로 결정됐다.

종이 생산을 다른 공장으로 옮기는 작업을 그들은 전초(轉抄)라고 부른다. 이 전초 업무를 맡은 사람이 당시 하치노헤 공장 기술부로 이동해 있던 노부타 씨였다. 그리고 그는 하치노헤로 전초하면서 나카가와 공장 직공들의 뛰어난 기술을 다시 한번 느낄 수 있었다.

가장 먼저 배워야 할 것은 고객에게 좋은 종이란 무엇인가를 아는 일이었다. 서적은 기호품이기 때문에 출판사와 출판되는 책의 내용, 형태에 따라 요구되는 종이의 질감이 다 다르다. 문고 시리즈나 소설, 논픽션, 라이트노벨, 학술서적에 사용되는 종이는 매우 다양하다. 문고마다 종이 색도 황색이 강한 것, 붉은 느낌이 강한 것 등 색조도 다르고, 무라카미 하루키의 《해변의 카프카》가 그랬듯 초판 부수가 몇십만 부 정도 되면 특별 주문한 종이가 새롭게 개발되기도 한다.

손끝에 닿는 촉감, 두께, 색조에도 저마다 유행이 있으며 예를 들면 최근 몇 년 동안은 책을 도톰하게 보이게 하는 부피감이 있는 상품이 사랑받았다. 페이지 수가 적어도 책이 훌륭해 보이고 그만큼 가격을 높게 책정할 수 있기 때문이다. 이렇듯 항상 출판사나 독자의 기호 변화에 대응할 필요가 있다.

나카가와 공장에서는 경험이 풍부한 직공들이 유행에 맞춰 상품을 원재료인 펄프 종류나 제지기에 따라 조절해가며 만들어냈다. 그런데 펄프 제조부터 제지기까지 논스톱으로 이어지는 하치노헤 공장에서 그들의 기술을 재현해내지 않으면 안 됐다. 노부타 씨는 이후 그 일에만 몰두했다고 한다.

"처음에 만든 종이는 손끝에 살짝 닿기만 해도 빳빳한 상태인 걸 금방 알 수 있었죠. 그래서 '이런 건 서적 용지라고 할 수 없어'란 말을 들었어요" 하며 그는 이제는 편안하게 웃으며 말할 수 있다고 했다.

제지기 사용 표준서에는 서적 용지 제품군마다 만드는 법, 약제 배합량 등이 당연히 기재되어 있다. 그러나 실제로 종이를 제조하는 과정에서 제지기의 성질을 완전히 다 아는 장인이 기계를 섬세하게 제어하고 정해진 수치대로 약제를 넣어도 나카가와 공장에서 만든 종이와는 전혀 다른 제품이 되어버렸다.

"측정치 수치로는 결과가 좋게 나와 있는데 만져보면 부드러움도 강도도 모자란 거예요. 출판사에서 중요하게 생각하는 것은 수치가 아니라 만져보고 '이 종이 좋군' 하는 마음이 가장 중요하잖아요. 하치노헤 공장에 있는 제지기가 더 새것이고 성능도 우수했지만 실제로는 기계로 측정할 수 없는 항목이 이렇게나 많았나 하는 생각이 들더군요."

노부타 씨는 제지기 설정을 변경해서 종이를 제작해보고 다시 변경하기를 수없이 반복해야 했다. 그건 중성지를 개발한 히비노 씨가 그랬듯 종이 관련 기술자가 반드시 한 번은 거쳐야 하는 길이기도 했다.

기술의 힘이 과거를 극복한다

그가 지금도 결코 잊을 수 없는 추억이라며 말해준 것은 공장 전초가 끝나고 얼마 후에 있었던 이야기다. 하치노헤 공장에서 서적 용지가 생산되면서 나카가와 공장에서 종이를 만들었던 때를 기억하는 출판사 담당자 중에는 '종이 질이 떨어졌다'라고 말하는 사람이 많았다고 한다. 하치노헤의 제품은 이미 나카가와와 동등한 수준이 되었는데 예전의 이미지라는 건 늘 미화되는 법이기 때문이다. 그런 소문을 극복하기 위해서는 나카가와에서 생산됐던 종이를 뛰어넘는 품질을 보여줄 필요가 있었다.

그래서 노부타 씨는 책장이 부드럽게 넘어가는 질감에 집중해 종이를 개량하기로 했다. 종이에는 세로결이나 가로결 같은 섬유 방향이 있다. 원래 세로와 가로 비율은 일대일이 이상적이지만 서적 용지는 예외적인 상품이다. 제본된 책은 가로 방향으로 넘어가기 때문에 섬유가 세로로 늘어서 있으면 손끝에 걸려 책장을 넘기기 쉽기 때문이다.

"제지기를 능숙하게 다룰 수 있게 되면 섬유 방향도 조절할 수 있게 됩니다. 그래서 하치노헤에서 생산하는 종이는 나카가와 종이보다 세로 방향으로 늘어선 섬유 비율을 높이도록 했습니다. 종이를 넘길 때의 부드러움에 있어서는 하치노헤 쪽이 이긴 거지요."

어느 날 오래된 거래처인 유명 출판사 편집자가 공장에 왔을 때도 "역시 나카가와 종이가 좋았어요" 하며 자기 생각을 말했다. 노부타 씨는 바로 이때라는 듯이 "잠깐 시간 좀 내주세요"라며 새로 개발한 종이를 보여줬다.

"여기 나카가와에서 만들던 것과 같은 종이가 있어요. 어느 쪽이 더 부드럽고 좋은지 한번 만져 보실래요?"

어느 공장에서 만들어진 건지 눈으로는 알 수 없는 두 개의 서적 용지. 그 촉감을 몇 번이나 확인한 후 편집자가 고른 종이는 하치노헤 공장 제품이었다.

"이게 기술이니까요."

이렇게 말하면서 노부타 씨는 공장을 전초하던 2년간의 노고가 이제야 보답을 받았다는 생각이 들었다고 한다. 그로부터 10년이 넘는 시간이 흘렀고 이제는 종이에 그렇게까지 고집을 부리는 편집자도 많지 않다.

"예전에는 돈이 얼마가 들든지 꼭 이걸 원한다는 요청이 있으면 우리도 그 요청에 맞추려고 필사적으로 노력했어요. 요즘은 베스트 바이(Best Buy)에서 베스트 초이스(Best Choice)로 이미 있는 제품 중에서 선택하는 경우가 더 많은 거 같아요."

그러나 그렇기 때문에 그는 말한다. '목표는 높게'라고. 이 말을 하는 노부타 씨 같은 존재야말로 종이책을 가치 있는 것으로 지켜가기 위한 하나의 보루임이 틀림없다.

제7장

활판인쇄의 세계

"활판으로 책을 만들 수 있는 환경을 남겨서
다음 세대에 전하고 싶어요.
자신을 위해서 소중하고 특별한 책을 활판으로 만들고 싶다고
생각하는 사람도 있을 테지요."

"어떤 인쇄든 다 맡습니다."

공방을 찾아가니 출입문 입구에 이렇게 적힌 기다란 종이가 팔랑팔랑 바람에 흔들리고 있었다. 도쿄도 다이토구 고토부키의 간선도로변에 있는 FUP(FIRST UNIVERSAL PRESS)라는 이름의 활판인쇄공방으로 인쇄소 이름처럼 시집이나 개인 문집, 명함, 광고전단지 등 무엇이든 인쇄해주는 작은 공방이었다.

복고풍의 분위기가 감도는 작업장 안에는 다다미 6장 정도(3평 정도) 되는 방 한쪽에 납 활자가 빼곡히 늘어서 있었다. 조금 안쪽에는 'NODE'라고 쓰인 연녹색 인쇄기가 과묵하고 완고한 아버지 같은 모습으로 묵직하게 자리 잡은 채 버티고 앉아 있는 것이 보였다.

책 만드는 현장에 가보면 늘 어딘가 그리운 듯한 잉크와 기계 오일이 뒤섞인 수공업 향기가 감돈다. 납 활자와 다양한 금속제 기구, 조판 행간 사이에 끼우는 인테르와 활자 사이에 끼우는 스페이스, 활자판 상자 등등 공방에 널려있는 도구나 기계 곳곳에 얼룩진 때는 일찍이 인쇄업을 짊어져 온 역사의 얼룩처럼 느껴졌다. 예전에 본 노다 히데키(野田秀樹)의 연극 중에 오래된 재봉틀이 꾸는 꿈을 그린 작품이 있었는데, 공방에 놓인 그들은 어떤 꿈을 꿀지 궁금했다.

많은 물건들에 둘러싸인 좁은 작업장의 낡은 책상 앞에서 아주 오래전부터 그곳에 있었을 법한 한 남성이 공구를 정리하고 있었다. 다니야마 죠스케(溪山丈介) 씨는 이 활판인쇄공방의 주인이다.

한 치의 틈도 없는 활판인쇄

"활판인쇄의 좋은 점? 음…… 좋은 점이 많았다면 좀 더 많은 돈을 벌었을 테고 이 세계도 그렇게 쉽게 사라지지 않지 않았을까요?"

부부가 함께 공방을 꾸려가는 다니야마 씨는 안쪽에 있는 냉장고에서 페트병에 든 차를 꺼내면서 "와하핫" 하고 소리 내 웃었다. 그리고 본심을 얘기하는 게 조금 겸연쩍다는 듯 잠시 침묵하더니 "……말하자면, 거기에는 글자의 형태가 분명히 있잖아요" 하고 수수께끼 같은 말을 했다.

"워크숍 같은 데 가면 소형인쇄기와 납 활자를 가지고 아이들 앞에서 찍잖아요? 도장이나 마찬가지니까 이해하기가 쉽죠. 물론 종이에 상처가 나지 않는 DTP나 오프셋인쇄 쪽이 더 깨끗할지도 모릅니다. 하지만 활판은 그것과는 다른 묘미가 있죠. 특별한 인쇄물이라는 전문성 같은 게 있다고나 할까요."

"그걸 좋다고 생각할지 어떨지는 사람마다 다르겠지만 적어도 전 좋다고 생각해요" 하고 재미있다는 듯 한 번 더 웃었다. 호리호리한 체격에 다운재킷을 입고 진녹색 모자를 쓴 옷차림새나 대화를 나누다 보니 느낌이 좋은 사람 같았다. 게다가 이런 다양한 활판인쇄 도구가 넘칠 듯이 쌓인 공방에 있으니 그가 말하는 특별함이라는 게 어쩐지 이해될 듯도 싶었다.

지금 출판업계의 주류인 오프셋인쇄는 사전에 준비한 원판에다 블랭킷이라는 고무로 만든 통에 잉크를 묻혀서 그것을 종이에 전사(轉寫, 문장이나 그림 따위를 옮겨 뜨거나 옮겨 쓰는 일-옮긴이)하는 인쇄기법이다. 이것은 물과 기름의 반발작용과 사진의 원리를 이용한 것으로 먼저 감광제를 도포한 PS판에 글자나 사진 등을 인화하고 현상을 해 원판을 완성한 후 그 원판을 인쇄기에 장착하여 블랭킷에 전사해 종이에 정착시킨다. 이 연속 작업을 통해 문자와 사진만 인쇄용지에 남는 것이다. 말하자면 오프셋인쇄의 이런 공정과 구조는 화학실험 같기도 해서 초등학생에게 설명하려면 분명 상당히 힘들 것이다.

이에 비해 활판인쇄 공정은 눈앞에서 보면 이해할 수 있다. ① 원고에 쓰여 있는 글자의 활자를 활자 선반에서 꺼내서 문선 상자에 담는다, ②식자대에서 문선한 활자를 지정한 대로 한 글자씩 늘어놓아 판을 만든다, ③완성된 판을 연줄로 묶는다, ④활자 조판을 담는 상자에 4개의 판을 순서대로 늘어놓는다, ⑤인쇄기에 걸어서 찍어낸다.

다니야마 씨는 "글자에는 형태가 있다"고 표현하는데 활판조판은 말 그대로 공백이라는 것이 없다. 조판된 글자와 글자 사이에는 공목(空木)이라고 하는 스페이스, 행간에는 인테르라고 하는 막대기 모양의 판이 끼워져 있어서 한 치의 틈도 없다. 그래서 한 페이지분의 판은 묵직한 무게감마저 느낄 수 있다.

"이걸 보고 나면 글 쓰는 사람도 쉽게 교정자(校正字)를 못 넣을 텐데 말예요" 하고는 빙긋 미소를 지었다.

"원고에 수정을 해서 행이 넘어가게 되면 글자를 놓아야 할 곳이 완전히 바뀌게 돼 다시 조판해야 하거든요. 그래서 예전에는 행 넘김이 발생하는 조판 수정은 처음에 조판한 페이지와 같은 가격을 받는 인쇄회사도 있을 정도였습니다. 그런 의미에서 DTP나 전산사식이 이 세계에 얼마만큼의 혁신을 가져왔는지 알 수 있죠.

요컨대 활판인쇄는 인쇄물을 완성하는 보람이 있었던 세계였습니다. 하지만 인쇄업계에서는 그 보람이 효율화에는 오히려 방해가 됐기 때문에 어떻게든 없애려고 노력해왔지요. 드디어 그 세계가 사라지려고 하니 이번에는 쓸쓸하다며 활판으로 인쇄물을 찍고 싶다는 사람이 나타나기 시작했어요. 이런 걸 보면 세상 참 희한하지요."

활판인쇄의 길로 들어서기까지

다니야마 씨가 다이토구 고토부키에서 FUP를 시작한 것은

2013년 6월의 일이다. 본래는 현재의 공방에서 100미터 정도에 있던 닭꼬치 구이 가게였던 점포를 빌려 설치료를 포함해 100만 엔으로 산 중고 'NODE'와 폐업한 인쇄회사에서 넘겨받은 납 활자를 들여놓았었다. 그런데 그 건물이 헐리게 되어 같은 해 9월에 옮겨온 곳이 지금의 공방이다.

이상하게 활판인쇄업자라기보다 만능 활판인쇄인이라고 부르고 싶어지는 그가 이곳에 정착하기까지는 상당히 독특한 이력이 있다. 1968년에 이곳 다이토구에서 태어난 다니야마 씨는 올해로 마흔아홉 살이다. 그는 "장래 같은 건 생각지도 않았지요"라고 한다. 흑인음악을 좋아하던 10대 때는 미국으로 건너가 아프로아메리칸스터디스(Afro American studies, 아프리카계 미국인 연구)를 본격적으로 공부하려 한 적도 있었다고 한다. 하지만 그 꿈은 금방 포기했고 20대 때 슬롯머신 운영회사에서 근무했다.

"홀에서 일하면서 구슬을 나르거나 기계를 고쳤어요. 도중에 본사에 배치되어 신규점포의 손님맞이 매뉴얼 같은 걸 만들기도 했었지요. 건달 같은 사람들이 손님을 위압하는 듯한 분위기를 바꾸려 노력했던 시기였지만 그때까지만 해도 급료가 나오면 그날 안에 경륜장에 가서 다 써 버리는 동료들뿐이었어요. 자극적이었죠. 지금까지 경험한 적 없는 세계였지만 전 그런 분위기가 좋았어요. 나중에 인쇄업 세계가 적성에 맞았던 것도 저의 그런 성격 탓이었는지도 모르죠."

때는 거품경제 절정기로 잘 나가는 오락업계에서 일하면서 다니야마 씨는 조루리(일본 문학과 음악에서 행해지는 낭송의 한 종류-옮긴이)의 샤미센 음악인 기요모토부시(가부키나 가부키 무용의 반주 음악으로 사용된다-옮긴이)를 배우기 시작했다. 예전에 흑인 음악을 동경한 전력도 있고 '일본인이니까 일본 전통 음악이라면 잘 할 수 있지 않을까?'라고 생각한 게 이유였다고 한다. 서른 살에 슬롯머신 회사를 그만둔 그는 지도해주던 스승의 권유도 있고 10년 가까이 기요모토부시의 다유(조루리에서 시가나 문장을 말하는 역할-옮긴이)로 지냈다. 그런 그에게 2008년 커다란 전환기가 찾아왔다.

"사실 제 숙부는 이타바시에서 나이가이모지인쇄(內外文字印刷)라는 활판인쇄소를 하고 있었는데요. 그 당시 집안의 대를 이을 아들이 젊은 나이에 세상을 떠나는 바람에 매우 어렵다는 말을 들었습니다. 그때 전 스승과 관계가 좋지 않아 기요모토부시를 그만두려던 참이었기 때문에 '마침 시간이 있으니 도우러 갈게요.' 이렇게 된 거예요."

그렇게 숙부의 인쇄회사에서 일하기 시작했던 건 다니야마 씨에게 어릴 때의 추억을 일깨우는 인생의 즐거운 체험이 되었다.

처음으로 활자를 새기다

그가 중학생 때의 일이었다. 나이가이모지인쇄(당시 나이가이모지정교)는 도쿄도 기타구 다키노가와에서 활자모형을 제조하는 가족이 경영하는 회사였다. 활자모형이란 활자를 만들기 위한 거푸집으로 거기에 납 등을 부어 넣어 식히면 활자가 된다. 그는 갖고 싶었던 카메라를 사려고 모형 만드는 아르바이트를 한 적이 있었다.

"친척들이 모였을 때 카메라를 살 돈이 필요하다는 제 얘길 들은 숙부가 '그럼 우리 집에 와서 일해볼래?' 하셨거든요. 지금 생각하면 그때의 체험이 제 출발점이 된 거였어요."

태어나서 처음으로 하는 본격적인 아르바이트였다. 도쿄대학 앞에서 버스를 타고 다키노가와에서 내려서 조금 긴장된 마음으로 공장을 찾아갔는데, 비좁은 공간과 기름때로 거무스름해진

실내 분위기에 놀라지 않을 수 없었다. 학교에서 견학 갔을 때 본 현대적인 공장과는 달리 미닫이문을 여니 어둠침침한 실내에는 오래된 기계들이 놓여 있고 숙부와 숙모가 묵묵히 활자를 새기고 있었다. 그는 그곳에서 숙모에게 기계를 조작하는 법을 배우고 비교적 단순한 한자의 활자모형 만드는 걸 도왔다.

납 활자는 어떻게 만들어졌을까? 당시 중학생이던 다니야마 씨가 본 것은 쓰가미식 벤턴형모형조각기(쓰가미제작소가 벤턴조각기를 모방하여 만든 모형조각기-옮긴이)라는 기계였다. 이 조각기의 원형은 1885년 미국의 아메리칸타이프파운더스(American Type Founders)사의 기술자 린 벤턴이 개발한 것으로 원도를 사람이 덧그림으로써 활자모형을 제조할 수 있었다.

일본에서도 산세이도가 전쟁 전에 이 기계를 도입했지만 실제로 널리 보급된 것은 쓰가미제작소가 산세이도와의 협업으로 국산화한 1948년이다. 수영체를 개발한 다이닛폰인쇄의 연혁에도 '1948년 1월 쓰가미제작소와 벤턴형모형조각기 활자 팬터그래프 두 대 및 부속품 세트를 계약했다'라고 적혀 있다.

그때까지만 해도 활자모형은 고도의 기술을 가진 장인이 한 글자씩 조각칼로 목재에 역문자로 새겨야 했다. 그런 걸 생각하면 벤턴조각기의 등장이 일본의 활자와 인쇄 역사에서 얼마나 큰 화제가 된 혁명적인 기술이었는지 알 수 있다. 어쨌든 공장에 처음 온 중학생도 그런대로 정밀도가 높은 활자모형을 만들 수 있었던 것이다. 그건 활자모형의 대량생산화가 가능해짐과 동시에 장인적 솜씨가 사라진 또 하나의 순간이기도 했다.

"숙부네 모형제조공장에는 윤이 나는 5~6대의 검정 벤턴조각기가 있었어요. 조작이 정말 간단해서 익숙해지면 누구나 활자모형 조각이 가능했죠. 저도 금방 모형을 만들 수 있었거든요. 물론 간단한 한자만 만들었지만요. 나중에 들은 얘긴데 예전에는 숙부네 공장도 덴쓰(1901년에 창업한 일본의 대형 광고업체-옮긴이)나 마이니치신문과 직접 거래해 활자모형을 납품했던 적도 있었다고 해요. 지금 생각해보면 활판으로 먹고살 수 있는 마지막 시절이었던 거죠. 그 정도의 일감은 늘 있었던 거예요."

벤턴조각기는 큰 글자의 도안을 덧그리면 기계에 설치된 드릴이 진자의 원리로 작동하면서 같은 도안이 축소되어 놋쇠로 된 모형재에 새겨지는 것이 이 기계의 작동 원리였다. 단계적으로 새기지 않으면 드릴 끝이 부러져버리기 때문에 우선 굵은 드릴로 윤곽을 대략적으로 그리면서 차례차례 가느다란 드릴로 바꿔가며 윤곽을 덧그린다. 드릴을 섬세하게 가는 데는 기술이 필요해서 숙부는 어둠침침한 공장에서 자주 드릴 끝을 갈곤 했다. 그리고 숙모와 그가 조각기 앞에서 묵묵히 모형을 만들어가는 게 공장의 일상이었다.

모형 하나가 완성되기까지 걸리는 시간은 20분 정도다. 그다음에는 활자제조사나 인쇄회사에서 주문을 받은 후 금속을 녹여 거푸집에 넣는 주조 공정이 행해진다. 자신이 덧그린 원자(본디의 글자)의 모형이 거울문자(아래위는 그대로 두고 좌우를 거꾸로 만든 문자-옮긴이)가 되어 기계에서 나올 때마다 다니야마 씨는 뭐라 표현할 수 없는 즐거움을 느꼈다고 한다. 그는 아르바이트하는 도중에 함께 모형 만드는 작업을 하던 숙모가 재미있다는 듯이 한 말이 지금도 생생하게 떠오른다고 했다.

"역시 남자가 새긴 글자는 좀 두껍구나."

그 말을 듣고 모형을 자세히 비교해보니 그렇게 생각해서 그런지 숙부가 새긴 것보다 숙모가 새긴 모형이 확실히 조금 가늘어 보였다. 같은 공정의 일을 하는데 왜 그런 차이가 나는 걸까? 그는 지금도 그 이유를 모르겠다고 한다.

그는 한 달 정도 모형 제조 일을 돕고 중학생으로서는 적지 않은 아르바이트비를 받아서 갖고 싶었던 콘탁스 중고 카메라를 손에 넣었다. 다니야마 씨는 당시를 떠올릴 때면 나이가이모지 정교라는 활판인쇄소는 그때가 행복한 시절로는 마지막이었다는 생각이 든다고 했다.

"중학생이던 저는 몰랐지만 그즈음에는 활자모형으로만 유지 됐던 회사는 거의 없었던 것 같아요. 그런 의미에서 가족끼리 경영하는 모형 공장이 남아 있던 마지막 시기였던 거지요."

다니야마 씨는 그로부터 20년이 지난 후 다시 숙부 회사를 방문하게 된다.

활판인쇄의 세계를 접하다

중학 시절에 활자모형을 제조하는 일을 경험한 다니야마 씨가 다음으로 인쇄 세계를 접한 것은 고등학교를 졸업한 직후의 일이었다. 아르바이트 정보지에서 사식(사진 식자기로 인화지나 필름에 글자를 한 자씩 찍는 일-옮긴이)을 수정하는 일을 발견하고 돗판인쇄의 이타바시 공장에서 심야 아르바이트를 한 적이 있었다.

이타바시 공장 현장을 처음 방문했을 때 그는 오랜만에 다키노가와의 숙부네 공장에서 보냈던 날들을 떠올렸고 '숙부네 공장은 이젠 틀렸어. 그건 머지않아 사라질 세계였던 거야' 하고 생각했다고 한다. 일이 시작되는 밤 10시에 이타바시 공장에 가니 사식을 수정하는 작업실에는 책상이 40개 정도 늘어서 있었다. 심야 작업은 4~5명 정도 하지만 낮에는 주로 여사원들이 그 책상을 꽉 채우고 앉아서 일한다고 했다.

조판 수정 작업은 전산사식으로 완성된 인화지에 최종 단계에서 수정이 필요해진 문자를 제거하고 다른 글자를 핀셋을 이용해 붙이는 세세한 수작업이다. 인화지에 문자를 인화하기 때문에 활판조판 같이 문장의 일부만 수정할 수 없다. 따라서 인화지가 완성된 단계부터는 수정할 곳에 정정할 글자를 붙이고, 필요하면 한자의 변만 따로 출력해 조합해서 글자를 만들어 붙여야 했다.

"나중에 붙인 글자가 조금 삐뚤어지면 표시가 나기도 했습니다. 서적이나 사전에서는 결코 허용할 수 없는 일이었지만 나 같은 아르바이트생이 담당하는 건 주로 잡지였으니까요. 잡지 쪽은 그렇게 엄격하지 않았거든요. 발매 전에《피아》나《핫도그 플레스》를 읽을 수 있었기 때문에 나름 즐거운 일이었죠."

그러나 심야에 그런 작업을 하면서 그는 자신이 하는 일이 활판인쇄의 납 활자 제조업과 같은 인쇄 일이긴 하지만 시대의 흐름을 실감할 수 있었다고 한다. 벤턴조각기로 서체를 새기고 모형에 납을 흘려 넣어서 활자를 만드는 세계와는 속도감이 전혀 다르고 몇백, 몇천이나 되는 페이지가 순식간에 인쇄되었기 때문이다.

숙부가 운영하던 나이가이모지정교는 그즈음 모형 제조뿐만 아니라 활자 주조로도 일을 확장해나갔다. 다이닛폰인쇄의 활판인쇄부문이 2003년까지 가동되고 있었던 것처럼 코믹이나 주간지 등에서는 여전히 활판인쇄를 이용하고 있었다. 하지만 가족끼리 경영하는 모형 공장이라면 사정이 달라진다. 예를 들면 예전의 활자모형 납품처였던 신문사는 1980년대에 이미 일본어 모노타이프 K.M.T라는 전자동 활자주식기를 도입했고, 서적 인쇄는 오프셋이 주류가 되면서 활자모형 주문이 줄어들었던 것이다. 그래서 모형 공장들은 K.M.T나 주조기를 구입해서 활자를 제조해 인쇄회사에 납품하는 '활자판매점'으로써 겨우겨우 명맥을 유지했다. 그것이 모형 공장이 살아남는 길이었던 것이다.

치쿠마쇼보의 편집자였던 마쓰다 데쓰오(松田哲夫) 씨는《인쇄를 사랑하여》에서 활판조판에서 컴퓨터조판으로 바뀐 기술 혁신의 시대 배경을 다음과 같이 설명하고 있다.

"1970년경 인쇄업계는 공해를 반대하는 움직임 속에서 고심하고 있었다. 활판인쇄는 납 같은 금속을 사용하고 대량의 폐수를 배출했다. 그래서 공해를 줄여야 한다는 요구가 점점 더 거세졌다. 한편 통산성은 적극적으로 생산 공정의 컴퓨터화를 추진하고 있었다."

인쇄회사 입장에서도 공정을 디지털화하면 공장 환경이 개선되고 문선공과 식자공 같은 장인을 확보하느라 머리를 싸맬 필요도 없었으므로 기술 개선을 추진했다. 그럼에도 활판조판 인쇄소가 그럭저럭 유지될 수 있었던 것은 활판인쇄는 아직 컴퓨터조판으로는 할 수 없는 이점이 많았기 때문이다. 글자를 수정하기 편하다는 점(수정할 곳 활자를 바꿔 넣기만 하면 된다), 그리고 평상시에 잘 쓰지 않는 상용한자가 아닌 한자를 비교적 간단하게 만들 수 있다는 것 외에도 오프셋으로는 적은 부수의 출판물을 인쇄하기가 부적합했던 것도 그 이유 중 하나였다고 다니야마 씨는 이야기했다.

"DTP가 나오기 전까지는 사실 활판 쪽이 오히려 저렴했습니다. 오프셋인쇄로 이익이 나오려면 5,000부 이상을 인쇄해야 하니까 100부나 500부 정도 되는 출판물은 활판인쇄로 할 여지가 남아 있었던 거죠. 지금도 활판인쇄를 하는 시집이나 하이쿠집 같은 일감이 남아있는 건 그 잔영 같은 거죠."

그가 기요모토부시의 다유를 그만두고 나이가이모지인쇄라고 회사명을 변경한 숙부 회사로 갔을 때는 활자 주조에서 나아가 인쇄까지 사업을 확장하고 있을 때였다.

"선대에서 물려받은 땅을 판 자금이 있어서 설비투자를 해서 사업을 확대했던 겁니다. 숙부에게는 세상을 떠난 아들을 위해서라는 생각도 있었겠지요. 하지만 그게 실패의 원인이었던 거죠. 인쇄까지 하게 되니 주조부터 문선, 식자까지 모두 분업해야 하니 장인도 필요했고 새 기계도 필요했던 겁니다. 분명 시대의 흐름에는 완전히 역행하고 있었지만 다른 활판인쇄 회사가 차례차례 폐업하고 있었기 때문에 또 일감이 완전히 없었던 것도 아니었어요. 덕분에 전 활판인쇄의 세계를 접할 수 있었던 거고요."

활자가 벌어먹였다

2008년 어느 여름날, 다니야마 씨는 이타바시구로 옮겨간 나이가이모지인쇄 공장을 처음으로 방문했다. 공장은 인쇄기와 주조기, 문선장과 식자장들이 각각 다른 건물에 있었다. 문선장과 식자장이 있는 건물로 들어가니 안쪽 문선장에는 납 활자가 빽빽하게 진열되어 있었다. 모형, 주조, 문선, 식자, 인쇄 각각의 부서에는 60~70대의 장인이 한 명씩 있었고 그들은 묵묵하게 자기 일에 몰두하고 있었다. 뎃판인쇄에서 거대한 오프셋인쇄 윤전기가 돌아가는 걸 본 적이 있는 그는 단숨에 과거로 되돌아간 것 같은 기분이 들었다.

"우선 거푸집에 붓는 것부터 해줘."

숙부의 말을 듣고 다니야마 씨는 70대 장인 밑에서 활자 주조를 하게 되었다. 나이가이모지인쇄는 기본적으로 광고지나 명함 같은 낱장 인쇄는 하지 않고 쇼시야마다, 스나고야쇼보 같은 출판사의 시집과 렌쿠나 하이쿠를 모아 놓은 책, 노래책 등을 중심으로만 주문을 받고 있었다.

이런 인쇄물에는 대량의 납 활자가 사용되기 때문에 주조기는 항상 가동되고 있었다. 주조기는 약 350도의 열로 납을 녹여서 활자로 주조한다. 주조할 때 가장 중요한 건 습도 관리며 습도 관리가 잘 안 되면 질 좋은 활자가 만들어지지 않는다. 또한 활자의 높이가 균일하지 않으면 인쇄할 때 얼룩이 나타난다. 바로 그때가 장인이 솜씨를 보일 대목이다. 다니야마 씨는 장인으로부터 기계 다루는 일을 배우면서 처음 3개월간은 오로지 거푸집에 납 붓는 기술을 익히는 데만 매달렸다. 그 과정에서 그가 실감한 건 시대의 흐름에 완전히 역행하면서도 이 세계에서 손을 떼려고 하지 않았던 인쇄소 경영자들에게는 각자 활자에 대한 강한 애정이 남아있었는지도 모른다는 것이었다.

활자란 소중한 만남의 도구다. 납은 부드러운 소재기 때문에 한 번 인쇄에 사용되면 높이가 달라진다. 그래서 인쇄가 끝난 후에는 활자를 회수해서 녹여 성분을 조절한 후 다시 주조기에 투입해 새로운 활자로 재탄생된다. 그 과정을 여러 번 반복하는 동안 그도 활자 하나하나에 애정을 품게 되었다고 한다.

"활판인쇄를 하던 경영자 중에는 지금도 활자를 버리지 않고 간직하고 있는 사람이 의외로 많습니다. 그들에게는 '활자가 벌어먹였다'라는 생각이 있거든요. 제가 FUP를 시작할 때도 그렇게 애정이 깃든 설비를 여러 개 물려받았습니다."

그건 잃어버린 세계에 대한 향수라기보다는 '이걸로 자식을 공부시켰다', '가족을 지켜왔다'라는 그들과 떼어놓기 어려운 정체성이기도 했다. 숙부도 그런 경영자 중 한 사람이었다.

그렇게 다니야마 씨는 점차 활판인쇄의 세계에 매료되어 갔고 그가 FUP를 시작할 즈음 폐업한 나이가이모지인쇄가 맡고 있던 일감의 일부를 물려받았다.

문장을 읽지 않고 활자를 골라내다

그는 한동안 주조기술을 배운 뒤 이번에는 조판장을 드나들며 일을 배우기로 했다.

"좋아, 가르쳐줄 테니까 일감을 가져와."

70대의 장인에게서 그 말을 듣고 한동안 고심한 끝에 아버지에게 부탁해서 50장 정도 되는 연하장을 주문받았다.

"뭐, 처음에는 다 그런 거지."

장인은 어이없다는 표정으로 웃었지만 그는 타고난 명랑함과

호기심으로 기본적인 작업 공정을 배울 수 있었다. 문선하는 걸 보면 활자를 골라내는 장인의 손놀림은 놀라움 그 자체였다. 문선장의 활자 선반에는 직육면체의 납 활자가 포인트나 폰트별로 빽빽하게 들어차 있다. 나이가이모지인쇄에서는 히라가나는 이로하(히라가나 47자를 배열한 7·5조의 노래. 가나다순으로 이해해도 좋다-옮긴이) 순으로 배열되고 한자는 변과 방뿐만 아니라 사용 빈도가 높은 순서대로 소매(袖), 대출장(大出張), 소출장(小出張), 도둑(泥棒)으로 분류되어 있었다(우리나라에서도 사용 빈도에 따라 대출, 소출, 벽자로 구분한다-옮긴이). 소매는 기모노 소매 사이로 속옷이 나올 정도로 자주 사용하는 문자라는 의미고, 대소 출장은 활자가 나가는 빈도를 나타내며, 도둑은 좀처럼 나오지 않는 경우를 비유해서 쓰는 말이다. 상당히 재치 넘치는 표현이 아닐 수 없다.

장인은 왼손으로 문선 상자와 원고를 들고 거의 손끝이 보이지 않을 정도의 굉장한 속도로 활자를 골라낸다. 나카니시 히데히코(中西秀彦)가 쓴《활자가 사라진 날》에 의하면 원고만 보면서 활자를 고르는 건 문선장인이라면 당연한 일이며 달인이 되면 고른 활자를 보지 않고 다시 선반으로 갖다 놓는 걸 고를 때와 같은 속도로 할 수 있다고 하니 좀처럼 상상할 수 없는 신기에 가깝다 할 수 있다.

"숙련된 장인이라면 하루에 8천 자에서 1만 자까지 활자를 고를 수 있다더군요."

다니야마 씨는 그 당시에 놀라워했던 기억을 떠올리며 말했다.

"300장의 원고라면 일주일 이상. 그걸 식자장인이 조판합니다. 조판 작업에 다시 3일. 그리고 교정쇄를 내고 오자를 바로잡고 교정하는 작업이 출판사를 오가며 반복됩니다. 일본 활자는 네모나지만 로마자는 네모반듯하지 않고 토가 들어가기도 하지요. 그래서 현장에서는 어쨌든 '원고는 읽지 마'라고 하는 겁니다. 문선이든 식자든 문장을 읽다 보면 일이 되지 않기 때문이지요. 말도 안 되지만 대단하다고 생각했습니다. 솔직히 책이 이렇게도 만들어지고 있구나 하고 놀랐지요."

"다만 말이죠." 그가 계속해서 이야기했다.

"이전에 대규모 오프셋 설비를 본 적이 있는 나로서는 이런 생각도 들었습니다. 책이라는 건 이런 도장이나 나무를 짜 맞추어 찰칵 누르기만 하면 만들어지는 것이기도 하다고요. 그건 이미 누구나 다 아는 단순한 구조니까요."

그는 각 부서의 장인들에게 일을 배우는 동안 활판인쇄의 재미에 빠져들기도 했지만, 스스로 인쇄공방을 차려야겠다고 생각하게 된 건 인쇄의 구조나 보람뿐만 아니라 무엇보다 활판인쇄가 가진 역사나 세계 그 자체에 매료되었기 때문이기도 하다. 그는 주조기로 활자를 제조하는 나날을 보내면서 온종일 거의 한마디도 하지 않고 묵묵히 맡은 자리에서 일하는 장인들에게 전성기 때의 활판인쇄 추억담을 의도적으로 물어보곤 했다고 한다.

활판인쇄의 장인들

나이가이모지인쇄에서 일하던 장인들은 대부분 중학교를 나와서 바로 이 일을 하기 시작한 사람들이 많았다. 도호쿠 지역 출신자가 많았던 것은 당시 현장은 지역에 따른 파벌 같은 것이 있어서 아오모리 출신의 장인이라면 아오모리 사람을 데려오는 경향이 많았기 때문이라고 한다.

일이 끝나고 선술집에 한잔하러 가면 그들 중 한 명은 술에 취해서 "예전에는 말이야" 하고 드문드문 추억을 이야기하곤 했다. 예를 들면 그의 주조 스승이 된 O 씨는 처음에 간다에 있던 활자 활판 재료제조판매회사에서 문선공으로 일했다고 한다. 간다는 인쇄업의 중심지고 주변에는 지업상과 활자판매점 등이 줄지어 있었다. 문선에서 주조로 옮긴 건 주조기가 돌아가며 내는 소리를 듣고 재미있겠다고 생각했기 때문이라고 한다.

또 다른 식자장인에게서는 이런 이야기도 들었다고 한다.

"오늘은 교토, 내일은 뎃판…… 이렇게 여기저기 떠돌아다녔지. 대학 인쇄소는 벌이가 괜찮다는 말을 듣고 이번에는 그쪽으로 갔단 말이지. 시험문제다 보니까 한두 달 외부와 격리되어 있긴 했지만 한 달에 50만 엔은 쳤거든. 외출금지라도 좋아라 달려가곤 했지. 그러면 인쇄소는 일손이 부족해지니까 '부탁해요', '할 수 없군' 하며 다른 누군가를 데리고 왔지. 컴퓨터조판이 나오기 이전인 60~70년대 얘기지만 말이야."

도제제도의 엄격함, 물질을 용해하는 데 쓰는 액체와 잉크로 온몸이 뒤범벅이 되는 열악한 작업 환경에서도 그들은 한결같이 자신들은 남에게 고용되어 있지 않다는 자부심이 있었다고 한다. 일은 1년 내내 어딘가에 반드시 있었기 때문이다. 인쇄 공정 중에서도 조판 부분이 특히 일손 부족이 심각했기 때문에 어떤 사람은 장인을 소개하는 중개만으로도 생계를 꾸린 사람이 있을 정도였다.

"전화번호부를 만들겠다고 회사를 차린 녀석이 있었는데 말이지. 주조공을 몽땅 데리고 나갔거든. 그 녀석은 지금 뭘 하고 있으려나……."

70대 후반인 어느 장인의 회상이다.

하나의 산업이 사라져간 현장

그런 이야기를 수없이 듣는 동안 다니야마 씨는 직장을 지배하는 분위기에도 역사적인 이유가 있다는 걸 알게 되었다. 그가 나이가이모지인쇄에서 일을 시작하고 나서 무엇보다 이상했던 건 주조, 문선, 식자, 인쇄 각 부문의 장인들이 서로 대화를 나누려 하지 않는다는 점이었다. 그들은 일하면서 생긴 사소한 문제조차도 결코 의논하는 법이 없었다.

"예를 들어 문선하는 사람이 실수로 활자를 잘못 골랐을 때 식자하는 사람은 '다시 골라 줘'라고 하지 않아요. 퇴근하고 공장에 아무도 없을 때 직접 고르러 가는 거죠. 혹은 주조 단계에서 기계에 기름을 너무 많이 부으면 열에 녹은 기름이 식으면서 활자끼리 들러붙어 한 글자씩 떼어내야 하거든요. 그러면 문선하는 사람이 활자 고르기가 힘들어지지만 절대 투덜대지 않더라고요. 혼자서 묵묵히 활자를 떼어내는 겁니다.

나중에 온 나 같은 사람은 당연히 좀 더 사이좋게 지내면 좋을 텐데 하고 생각했지만 사장한테 얘기하니 '장인들 일인데 나도 어쩔 수 없지' 하더군요. 각 공정을 담당하는 장인들 대부분은 프리랜서로서 솜씨 하나로 살아간다는 자부심이 있었기 때문에 먹고 살기 위한 기술인 작업 현장을 결코 남에게 보여주지 않으려고도 했죠."

그들은 혼자 점심을 먹고 혼자 낮잠을 자고 혼자 술을 마시러 갔다고 한다. 다니야마 씨는 장인들 입장에서 보면 갑자기 나타난 유별난 신입이며 아웃사이더이고 아마추어로서 그런 장인들 사이를 오가며 그들의 이야기를 들었을 뿐이다. O 씨나 숙모의 말에 의하면 이런 분위기는 예전부터 있어왔다고 한다.

많은 장인들이 있었던 최고 전성기 때는 대형 인쇄회사에 각 분야별로 노동조합도 있었고 야구팀도 있어서 시합할 땐 진지한 경기가 펼쳐지곤 했다고 한다. 당연히 노동쟁의도 격렬했다. 회사의 과장급 직원에게는 그와 같이 종적 관계로 조직된 장인들 사이를 오가며 일이 원만하게 진행되도록 중재하는 능력이 요구되었다. 또 수형자가 교도소 내에서 형무 작업으로 인쇄 일을 가르친 것도 직장 분위기를 독특하게 만든 이유라는 걸 그는 그때 처음으로 알았다고 한다.

"뭐 그쪽 사람 중에도 순한 사람이 있긴 했지만 어쨌든 활판인쇄가 전성기였을 때였으니 장인은 여기저기 부르는 데가 많았어요. 식자할 줄 안다고 하면 바로 취직이 될 정도였거든요. 성격이 거친 사람도 많았기 때문에 그런 사람들을 통합하기 위해 조직이 필요해지고 조직이 만들어지니 서로 친분도 생겼지요.

자신의 기술을 가르쳐주지 않는다, 무분별하게 대립하면서 조직을 만든다…… 그러한 장인 조직에 의지해야 하는 경영자 입장에서 '활판인쇄 같은 건 할 게 못 돼' 하고 그만두게 되는 건 경영원리로 보면 당연한 이야기죠. 그런 점도 오프셋이 단번에 도입된, 잊어서는 안 되는 하나의 배경이었다고 생각합니다."

다니야마 씨가 일하던 그때, 활판과 관련된 회사들이 사라져가는 동안 나이가이모지인쇄에도 마지막이 찾아오고 있었다. 당시 활판인쇄업의 내부 사정은 인건비를 융통하기도 어려울 정도로 지독한 상황이었다. 조판 단가는 활자만 골라놓은 상태가 한 페이지당 1,000엔 미만이었다. 가령 800엔이라면 조판이나 여러 차례의 교정을 포함해서 100페이지의 책이 8만 엔밖에 되지 않는다. 인쇄비는 16페이지에 5,000~6,000엔이니까 160페이지 책을 500부 인쇄해도 5만에서 6만 엔 정도였다.

"장인이 5명 정도 있다고 하면 한 달에 적어도 20권 정도 주문이 들어오지 않으면 인건비도 나오지 않았어요. 그런데 주문량이 고작 4~5권이던 상황이었으니까 그때까지 사업을 계속할 수 있었던 게 오히려 신기할 정도였어요. 대량생산 구조와 엄청난 가격 삭감 끝에 어떤 출판사 일을 받으면 인쇄소가 망한다는 소문이 날 정도였습니다. 그런 데다 만약 나이 많은 장인 중 한 사람이라도 쓰러지면 출판사에서 주문받은 일을 납기에 맞추기란 불가능했습니다. 그래서 문을 닫는 회사가 많았어요. 모든 면에서 한계였던 거죠."

숙부가 인쇄소를 정리한다고 말했을 때 그 사실을 안 장인들 중 단 한 사람도 반대하는 사람이 없었다. 그들 자신은 연금이 있기 때문에 그 일을 계속할 수 있지만 이전부터 회사의 폐업을 각오하고 있었던 것이다.

어제까지만 해도 환했던 공장 불빛이 꺼지고 한 사람 한 사람 공장을 떠났다. 다니야마 씨는 그렇게 하나의 기업이, 다시 말하면 하나의 산업이 사라져가는 현장에 우연히 함께 있었다.

활판으로 인쇄한다는 것

다니야마 씨는 나이가이모지인쇄에서 일했던 나날을 마치 몇 십 년이나 지난 오래된 추억처럼 말했다. 나는 그 어조에서 활판 인쇄 시대를 전하는 이야기꾼이 되고자 하는 그의 의지를 느낄 수 있었다.

"처음에는 공장을 닫고는 완전히 기운을 잃은 숙부에게 기자 재를 물려 달라는 말을 할 수가 없더군요. 간신히 '돈을 들여서 처분할 거라면 저 주세요' 하고 식자대나 책상을 가져올 수밖에 없었죠."

숙부는 다니야마 씨가 FUP를 시작하겠다고 하자 강력하게 반대했다고 한다.

"명함 같은 한 장짜리 인쇄물을 다루는 거예요"라고 하자 마지못해 하라고 했지만 페이지가 많은 물량을 주문받는 것에는 절대로 찬성하지 않았다고 한다.

"단행본은 지금도 반대하고 계세요. 최근엔 겨우 '내가 안 보는 데서 해' 하시는 정도지만요. 활판으로 인쇄업을 경영하는 게 얼마나 어려운지를 너무나 잘 알고 있기 때문에 무리하지 않았으면 싶다, 적어도 네가 무리하는 걸 보고 싶지 않다는 마음일 거라고 생각합니다."

다만 지금 다니야마 씨에게는 설령 조그마한 힘이라도 활판인쇄의 세계를 남기고 싶다는 소망이 생겼다. 그건 나이가이모지인쇄에서 일하는 동안 그 안에서 싹튼 작은 꿈이다.

"어쨌든 활판으로 책을 만들 수 있는 환경을 남겨서 다음 세대에 전하고 싶어요. 카드나 명함 등을 인쇄하면서 겨우 생활하고는 있지만, 원고를 받아 조판을 만들고 인쇄물을 고객에게 전할 수 있는 구조를 만드는 게 인쇄소에서 넓고 얕게 기술을 배울 기회를 얻을 수 있었던 제가 할 수 있는 단 하나의 일이 아닐까 생각합니다.

처음부터 큰돈을 벌 수 있다고는 생각하지 않았으니까 그럭저럭 채산을 맞출 수 있는 정도에서 찾아가고 싶습니다. 분명 머지 않아 사라져버리겠지만 역시 사라지기에는 조금 아쉬운 세계니까요."

다니야마 씨는 나이가이모지인쇄에서 일할 때 장인들로부터 여러 번 "원고는 읽지 마"라는 말을 들었다. 문선을 하거나 식자를 할 때, 또는 인쇄할 때 글의 내용을 읽고 있으면 일이 잘 진행되지 않기 때문일 것이다. 그러나 낡은 인쇄기에서 시나 하이쿠가 교정쇄가 되어 나올 때 그는 무심코 작업하는 걸 잊고 한 줄 한 줄 읽고 있는 자신을 발견할 때가 있다고 한다.

"정말 좋구나, 생각했지요."

그는 소리 내어 밝게 웃었다. 결국 자신은 활판으로 인쇄되는 책에 이유 없이 매료되어버린 것이라고 말하는 듯했다.

"아직 활판으로 인쇄물을 찍고 싶어 하는 사람이 완전히 없어진 건 아닙니다. 어딘가 한 부분에서는 활판을 사용해 인쇄하고 싶다는 수요가 있을지도 모르고, 자신을 위해서 소중하고 특별한 책을 활판으로 만들고 싶다고 생각하는 사람도 있을 테지요. 그런 책을 만들고 싶다고 누군가가 생각했을 때 온 디맨드(on demand, 이용자의 요구에 따라 네트워크를 통해 필요한 정보를 제공하는 방식 - 옮긴이)만이 선택지라고 한다면 쓸쓸하지 않을까요?"

"그때⋯⋯." 그는 말했다.

"'제가 할 수 있어요' 하고 손을 들고 싶어요. 이곳을 그런 장소로 만들고 싶습니다."

다시 만나기로 약속하고 그의 공방을 나섰다. 큰길가에 있는 그 낡은 건물을 돌아서서 다시 쳐다보니 납 활자와 식자대 그리고 NODE 인쇄기가 놓인 그의 공방은 도시 안에서 시간을 멈추고 한 시대를 붙잡아두려고 숨을 죽이고 있는 듯 보였다.

"어떤 인쇄든 다 맡습니다."

기다란 종이에 쓰인 그 말이 바람에 흔들리며 뱅뱅 돌고 있었다.

제8장

종이를 책으로 묶는 기술, 제본

"적은 부수라도 누군가에게 특별한 한 권,
그 사람에게 무엇과도 대신할 수 없는 소중한 한 권을
만들려고 할 때 제본 기술이 잊혀진다면
책을 둘러싼 소중한 세계는 사라져버릴 겁니다."

일본 최초의 제본 마이스터

작은 목조공장, 조명도 없이 침침한 한쪽 구석에서 치직치직 소리를 내며 불꽃이 세차게 흩어졌다. 그 날카로운 굉음에 어렴풋이 두려움을 느꼈지만 무서울수록 좀 더 가까이서 보고 싶다는 호기심이 가슴속에서 부풀어 오르는 걸 느꼈다. 자세히 바라보니 받침대 위에 있는 기계는 살아있는 생물처럼 움직이고 있었고 고속으로 회전하는 연마기의 숫돌이 좌우로 움직이면서 담흑색 재단 칼의 날을 갈고 있었다. 취할 듯한 기계 오일과 새 잉크와 종이 냄새……

옛날 일을 더듬더듬 말하며 아오키 에이이치(青木英一) 씨는 너무나 그리운 듯한 표정을 짓더니 "그게 제본소에 얽힌 제 첫 번째 기억이에요. 어쨌든 아직 초등학교에 입학하기도 전이라

다소 인상적인 형태로만 떠오르는지도 모르겠네요" 하고 조용히 미소를 지었다. 쇼가쿠샤는 거의 100년 가까운 역사를 가진 오래된 제본소로 아오키 씨는 4대째 가업을 지켜온 사장이다. 내가 아오키 씨로부터 이야기를 듣고 싶었던 건 그가 일본 제본의 역사 중에서도 특이한 경력의 소유자라고 들었기 때문이다.

1952년 데즈카 오사무(手塚治虫)가 잡지《소년》에〈우주 소년 아톰〉을 연재하기 시작하던 해 태어난 그는 고교를 졸업한 후 열아홉 살에 독일로 건너갔다. 이후 7년 동안 제본 기술을 배워 독일의 '제본 마이스터'라는 국가자격증을 취득한 후 귀국했다고 한다. 심지어 같은 업계에 있는 어떤 사람은 아오키 씨 이야기가 나오자 경의를 담아 그를 '마이스터'라고 불렀다.

제본 마이스터란 독일의 장인 격으로 이 자격을 가진 사람은 제본소에서 일하는 직공의 교육과 지도를 담당할 수 있다. 독일에서는 높은 급료를 받는 직업 중 하나다. 제본의 본고장 유럽에서 그 기술을 직접 배운 일본인은 많지 않으며 1971년 당시 아오키 씨보다 먼저 제본 마이스터 자격을 받은 사람은 단 한 사람, 마키제본인쇄의 전 사장 사사키 게이사쿠(佐々木啓策) 씨뿐이었다고 한다.

그런 이유로 전쟁 전부터 이어진 일본의 제본 현장을 제일 잘 알고 게다가 제본의 발상지라 할 수 있는 유럽에서 공부한 그를 이 책에 꼭 소개하고 싶었다.

올해로 예순다섯이 된 아오키 씨는 그런 독특한 경력을 통해 책의 어떤 세계에 닿았을까? 그는 제본소에 얽힌 추억을 담담하게 들려줬지만 기억 속에서 하나하나 이야기를 끄집어낼 때마다 뭔가 말로 표현할 수 없는 세련되고 지적인 분위기를 풍겼다. 그 분위기가 대단히 인상적이어서 나는 아오키 씨 이야기에 서서히 빠져들어 갔다.

불꽃 튀는 제본소의 모습

제본소의 아침은 춥다. 이다바시에 공장이 있었던 아오키제본소는 오전 7시가 지날 무렵이면 40명 정도 되는 직원들이 작업을 시작한다.

책을 세웠을 때의 윗부분을 '책머리', 책을 꽂아두었을 때 우리에게 보이는 부분을 '책등', 책등의 반대편 페이지가 펼쳐지는 부분을 '책입', 책을 세웠을 때 아랫부분을 '책발'이라고 부른다 (《열린책들 편집매뉴얼》에 나오는 명칭을 빌려 씀-옮긴이). 이 책머리, 책발, 책입 세 방향을 동시에 재단하는 기계를 삼면재단기라고 하는데 당시에는 아직 도입되기 전이라 재단기 두 대를 나란히 놓고 손으로 페이지 다발을 옮기면서 재단을 했다고 한다.

제본 공정은 일반적으로 ①원고 뭉치를 재단한다, ②접지기에 넣고 16페이지(사전류 같은 것은 32페이지)씩 정리한다, ③그것을 실로 철한다, ④표지를 붙인다 순서로 진행된다. 지금은 올인원 기계에 종이 다발을 넣으면 공정을 거쳐 제본된 책이 차례로 나오지만 예전에는 공정별로 하나하나 작업이 나누어져 있었다.

특히 사철(책 등 쪽을 실로 꿰매는 일-옮긴이)은 대부분의 경우 외부 회사와 도급계약을 맺어 아침 일찍부터 계약직 외부 직원들이 민첩하게 실로 철하는 광경을 볼 수 있었다. 그밖에도 책등을 둥그스름하게 만드는 둥글리기, 한랭사(발이 거칠며 얇고 질긴 무명-옮긴이)나 지권지(원래는 토지 권리증에 사용되던 종이로 파지를 원료로 만들어서 풀이 잘 붙는 하급 종이-옮긴이)를 붙여서 책등을 단단하게 하는 공정 등 장인들이 컨베이어시스템처럼 제본해나갔다.

"예전에는 책등에 아교를 칠하고 지권지나 주름지를 붙인 후 그걸 수세미 솔로 문질렀습니다. 손으로 문지르면 아교가 손에 붙을 우려가 있었기 때문에 솔로 세지도 약하지도 않게 알맞게 누르는 게 요령이었죠."

당시는 밤 9시쯤까지 일을 해도 하루에 약 4,000권 정도밖에는 제본하지 못했다고 한다.

어린 시절 공장 2층에서 살던 아오키 씨가 자신의 출발점으로 선명하게 기억하는 불꽃이 흩어지는 광경은 재단기의 상한 칼날을 갈 때의 모습이다. 칼날을 사전에 여러 개 준비해놓고 종이 다발이 잘 잘리도록 미리 교환해둬야 하지만 어쩌다 교환 시기가 늦어버리는 경우도 있다. 그럴 때면 장인은 "어이, 비 오잖아" 하고 말하곤 했다. 재단기의 칼날 상태가 나빠져 이가 빠지면 책을 벤 단면에는 줄무늬 같은 상처가 생기는데 현장에서 사람들은 그걸 '비가 온다'고 표현했다.

"어쨌든 대량으로 생산해야 하기 때문에 작업에는 어느 정도 속도가 필요하지만 책등을 둥글리는 작업 같은 건 책의 아름다움에 있어서 매우 중요한 공정이라 상당히 신경 써서 해야 하는 작업이죠. 어느 공정에서 일하고 있건 손은 거칠어지고 갈라져 있기 일쑤였고요."

아오키 씨는 말을 이어갔다.

"일하는 사람들은 모두 장인 근성이 있어서 전쟁 전에는 다른 제본소에서 수습 점원부터 시작해 점점 경험을 쌓아간 사람들이 대부분이었어요. 전쟁 후에도 그런 습성이 남아 있어서 먼저 제본회사에서 일하다가 수장에게 인정받아 자신의 가게를 내는 형태가 많았던 것 같아요. 이제 살아계신 분들이 적긴 하지만 지금도 가끔 '우리 할아버지가 아오키 씨네 공장에서 일한 적이 있대요' 하고 말해주는 사람도 있었어요."

한 사람의 장인이 되기 위하여

아오키제본소의 전신인 아오키형제제본소의 창업자 중 한 사람이자 쇼가쿠샤의 창업자인 그의 조부 아오키 도라마쓰(青木寅松) 씨도 소년 시절에 형제가 도쿄 상업지역에 있는 제본소에 수습 점원으로 들어간 후 기술을 배워 여러 제본소를 옮겨 다니다가 독립한 인물 중 한 명이다. 떠돌이 장인이지만 기술 하나로 일하는 데 자부심을 갖는 것이 제본의 세계다. 도라마쓰 씨 1주기에 출판된 《장인의 시》에는 그의 성품을 보여주는 다음과 같은 글이 실려 있다.

오늘날과 당시를 비교하기는 어렵겠지만 내가 경험했던 이야기를 하자면 제본이라는 일에 발을 들인 이상 능력을 인정받는 장인이 되는 게 하나의 소망이었다. 원래 제본은 수공업적인 생산부문으로써 오랫동안 수습 점원으로 살면서 수양을 쌓지 않으면 능력 있는 장인으로 인정받지 못했다. 이렇다 할 고생도 하지 않고 남 못지않게 돈을 버는 요즘 장인과는 큰 차이가 있었다.

젊은 세대—여기에는 나중에 제본소를 잇게 되는 아오키 씨에 대한 꾸지람도 포함되어 있었을 것이다—에 대한 이런 쓴소리는 도라마쓰 씨가 어떻게 제본업계에서 장인이 됐는지를 알면 이해할 수 있다. 집안 사정으로 열 살에 학교를 중퇴하고 제본소에서 먹고 자는 심부름꾼이 된 그는 처음 3년 동안은 걸레질과 화장실 청소, 빨래 같은 잡일을 하며 보냈다고 《장인의 시》에서 회고하고 있다. 숙소인 2층 방은 다다미와 기둥 틈에서 빈대가 기어 나와 아침에 일어나면 물린 자국으로 온몸이 상처투성이가 되었다고 한다.

생활하는 곳부터가 이런 환경이다 보니 노동환경은 당연히 가혹했다. 쉬는 날은 매월 1일과 15일 이틀뿐이었고 그 외에는 해가 저물 때까지 기모노 차림으로 공장의 잡일을 도맡아 해야 했다. 햇볕을 쬐는 일이 적다 보니 얼굴이 창백해져서 해골바가지라고 불리며 놀림을 받았다. 처음 받은 급료는 30전이었다고 한다(지금 시세로 대략 3만 원 정도). 이런 모진 수습 시절을 보내는 점원살이의 목표이자 꿈은 능력을 인정받고 장인이 되는 것이었다. 하지만 표지첩 하나만 보더라도 풀 먹이기 3년, 아교 칠하기 3년이란 시간이 필요했다.

예를 들면 '박 입히기'라는 작업이 있다. 먼저 박 찍기 기술은 예전에는 책에 금박을 넣을 때 금판(책 표지에 금박 또는 색박을 사용하여 문자나 무늬를 누를 때 사용하는 볼록판-옮긴이)을 사용했으므로 금판 크기에 맞춰서 낭비가 없도록 작게 자른다. 이어서 금박을 박을 다룰 때 쓰는 대나무 젓가락에 끼워서 금판 위에 올려놓고 고급 솜으로 위에서 누른다. 이것을 박 입히기라고 한다. 이 기술은 박 찍기 장인의 보조적인 기술이지만 이것도 인정받는 도제가 되기까지는 2~3년은 족히 걸렸다. 박 찍기 장인이 되려면 5~6년은 하지 않으면 안 되었다.

그의 자서전을 읽으면서 열악한 작업 환경 속에서도 제본 기술을 배우고 터득한 데 대해 도라마쓰 씨 스스로도 자부심을 느꼈음을 알 수 있다. 책은 이런 사람들이 만들어온 공업제품이다. 이름도 없는 많은 사람들의 기술이 상제본(실로 꿰맨 뒤 가장자리를 자르고 다듬은 다음에 표지를 붙이는 제본 방식-옮긴이)을 생산하는 현장을 얼마나 든든하게 떠받쳐주었는가를 말해주는 하나의 예다.

그렇게 하나하나의 기술을 몸에 새기듯 배우던 그는 점원살이를 하던 제본소가 폐업한 걸 계기로 열아홉 살 때부터 떠돌이 장인이 되었다. 그가 심부름꾼으로 일하던 다나카제본소의 경우 제1차 세계대전 이후 불황으로 많은 제본소가 잡지를 제본하며 제 살길을 찾아가는 와중에도 끝까지 상제본만을 고집했던 것이 폐업의 이유가 되었다.

"경영을 지속하는 게 불가능해졌기 때문에 폐업한다. 너희에게 줄 건 아무것도 없지만 지금까지 배운 기술이 수장인 내가 주는 선물이다. 앞으로 사회에 나가서 자유롭게 제 몫을 다하는 장인으로 살아라."

이러한 통보를 받은 후 도라마쓰 씨는 도쿄에 있는 서너 군데의 제본소에서 일하다가 오사카에서 좀 더 기술을 익힌 다음, 관동대지진 이듬해인 1924년 도라노몬에 적당한 자리를 발견하고는 작은 제본소를 차렸다.

그는 이야기를 잠시 멈추고 한숨을 쉬더니 돌아가신 조부의 모습이 생각났는지 "조금만 더 오래 사셨더라면 술이라도 한잔 올리면서 더 많은 얘기를 들을 수 있었을 텐데 말예요" 하며 미소지었다.

"요컨대 제본 기술이란 그런 일이었습니다. 기술 하나만으로 여기저기 공장을 옮겨 다니며 '하루에 몇천 부 할 수 있다' 같은 기량으로 평가받았지요. 그러다가 회사를 창업하는 사람도 있었고요. 우리는 초창기 때 지금의 일본평론사나 박문관인쇄소(현재의 교토인쇄)에서 여러 가지 일을 받아서 했던 것 같아요. 초기에 인쇄한 책은 이제 남아 있지 않지만 일부 출판사의 초간본 서가에는 아직 남아 있을지도 모르겠군요."

덧붙이자면 이렇게 시작한 아오키형제제본소가 도라노몬에서 이다바시로 장소를 옮긴 배경에는 전쟁에 얽힌 일화도 있다. 아오키형제제본소는 제본 기술을 높이 평가받아 쇼와 천황이 연구하는 논문을 제본할 기회를 얻었다.

"전쟁 중 많은 공장의 인쇄기가 군대에 공출되어 포탄이나 무기가 되어버렸지만 한 번이라도 천황폐하의 출판물을 제본한 이력이 있는 회사는 궁내청 어용상인 간판을 받을 수 있었죠. 덕분에 소중한 인쇄기를 공출당하는 일 없이 전쟁이 끝난 후 다시 제본소를 시작할 수 있었습니다. 상당히 큰 인쇄소라도 어용상인 간판이 없어서 위기에 놓인 곳도 있었다고 합니다. 일부는 어용상인 간판을 가진 회사와 일시적으로 합병하여 기계 공출을 피하기도 했다더군요."

아오키형제제본소는 전쟁 중 피해가 생기는 걸 막기 위해 교토(도쿄에 있는 지역 이름)에 있던 인쇄연구소로 기계를 분산시켜놓고 거기서 알게 된 인쇄소 경영자에게 이와나미서점 직원을 소개받았다. 전쟁이 끝나고 얼마 후 이다바시로 공장을 이전했을 때 처음으로 맡은 일이《이와나미 이화학 사전》이며 후에《고지엔》제본 발주로 이어졌다. 전쟁이 끝난 후 아오키형제제본소를 유지하게 해준 일이다(아오키형제제본소는 같은 시기에 회사 이름을 아오키제본소로 변경하였으며 쇼가쿠샤는 그 옥호屋號다).

"궁내청 어용상인 간판을 얻었던 일, 기계를 옮겨놓는 과정에서 이와나미서점과 인연이 생긴 일……. 만약 그런 우연이 없었다면 제본소를 계속할 수 없었을지도 모르겠죠."

이것이 1924년에 창업해 지금까지 제본소를 이끌어가고 있는 쇼가쿠샤의 역사다.

기계화의 파도가 풍경을 바꾸다

아오키 씨가 처음으로 가업인 제본소 일을 도운 건 중학생이 되고 얼마 지나지 않았을 때였다. 초등학교 때부터 아버지가 가지고 있던 클래식 음반 듣기를 좋아하던 그는 중학생이 되자 혼자서 라디오를 조립하거나 진공관 증폭기를 만드는 취미를 갖게 되었다. 아키하바라에 갖고 싶은 부품을 파는 가게가 있어서 어느 날 아버지에게 용돈을 달라고 조르니 "용돈을 받고 싶으면 일을 해"라고 하며 공장에 나오라고 했다. 집은 이미 가구라자카로 이사해서 이다바시에 있는 공장까지 가려면 조금 멀었지만 용돈 때문에 여름방학을 이용해서 아르바이트를 하기로 했다.

제본 공정에 정합(丁合)이라는 작업이 있다. 원고가 인쇄된 종이를 페이지 순서대로 접는 것을 접장이라고 하는데 정합은 이

16페이지(혹은 32페이지)를 한 대로 하는 접장을 페이지 순서대로 간추리는 작업이다. 160페이지짜리 책이라면 총 열 대. 접장을 묶고 있는 줄을 풀고 정합기에 부지런히 올린다. 정합기에 올려진 아직 제본이 안 된 묶음이 컨베이어로 떨어지고 한 권 분량으로 묶여서 차례차례 나와 사철 작업으로 이어진다.

"접힌 종이를 정합기에 올리기만 하면 되는 단순한 일이었지만 혼자서 동시에 네다섯 군데를 맡다 보니 익숙해지기까지 조금 시간이 걸리더군요. 기계 속도를 따라가지 못하면 한 토막 분량의 판본이 없어져서 기계가 멈춰버리곤 했어요. 처음에는 올려야 할 장소를 착각해서 책장이 빠진 낙장본을 여러 권 만들기도 했죠.

처음 일하고 난 다음 날엔 근육통이 얼마나 심했는지 몰라요. 다만 그때뿐이었고 아직 제본 일이 재미있다고는 생각하지 못했을 때였어요. 하지만 부모님 입장에서 보면 저에게 가업을 잇게 하려는 생각을 이미 하고 계셨었는지도 모르죠."

시대는 고도경제성장기에 들어설 때라 제본소는 점점 더 번창하고 있었다. 생산 부수가 절정기에 이른 건 80년대에 들어오고 나서지만 사전 제본 기술이 뛰어난 쇼가쿠샤에는 대량 주문이 많았다. 얇게 접은 32페이지짜리 종이를 정밀도 높게 제본하는 기술로 정평이 나 있었고 설비투자를 하기 위한 자금도 순조롭게 모이기 시작하고 있을 때였다.

당시 사장이자 에이이치 씨의 아버지인 미쓰아키 씨는 이때를 전후하여 때때로 독일로 출장을 가기도 했다. 독일의 뒤셀도르프에서는 4년에 한 번 드루파(drupa)라는 세계 최대 인쇄기재 전시회가 열렸다. 그곳에서 최신 기계를 살펴보고 일본에 들여와 시행착오를 거치더라도 잘 다룰 수 있게 되면 효율적으로 제본할 수 있었기 때문이다. 동시에 그건 그가 어린 시절부터 익숙하게 접했던 장인들이 제본하는 풍경이 잊혀져가는 걸 의미하기도 했다. 특히 세계적인 제본기기회사 콜부스사에서 도입한 제품은 일본의 제본 현장 풍경을 완전히 바꾸어놓았다. 책등을 단단하게 하고 곡선을 내는 작업을 하는 장인들, 사철작업을 하는 여공들의 일을 기계가 대신하게 되었기 때문이다.

"접지기 전시회가 열렸을 때 직장을 잃은 종이 접는 장인들이 돌을 던졌다는 이야기도 들었어요. 생각해보면 그 시기가 제본 공정 대부분을 기계가 대신하게 된 서막이 되었던 거죠. 지금은 종이를 작업대에 올려놓기만 하면 자동으로 책이 되어 나오잖아요.

당시 우리 제본소에 직원이 65명 정도 있었는데 지금은 사원이 겨우 26명입니다. 그래도 생산 부수는 거의 변함없어요. 그런 이유로 70년대를 거쳐서 80년대가 되자 종이를 접는 장인은 사라졌죠. 책등에 곡선을 내는 작업이나 수작업으로 표지를 붙이는 일을 하던 장인들도 모두 제본소에서 모습을 감춰버렸고요."

대학에 진학할까, 독일에서 유학할까?

그의 인생에 큰 전환기가 찾아온 건 아직 수공업 정취가 남아 있던 제본 현장이 극적으로 기계화되어가는 과도기 끝 무렵이었다. 고교 졸업을 앞둔 1971년 어느 날 아버지는 장래 희망에 대해서 선택지를 제시하듯이 이렇게 질문하셨다.

"대학에 진학할래, 아니면 독일에 가서 제본 마이스터가 될래?"

제본 마이스터라는 말을 듣고 처음에는 그게 어떤 건지 상상조차 하지 못했다. 다만 몇 년에 한 번은 독일에 가는 아버지가 예전에 베를린 장벽이나 뒤셀도르프의 거리 사진을 보여준 게 떠올랐다.

들어보니 현지에 콜부스사 제품을 일본으로 수입하는 상사 지인도 있고 연줄이 닿는 일본인도 전혀 없는 게 아니었다. 우선은 뒤셀도르프 근교에 있는 어학원에서 독일어를 배우고 현지의 인쇄회사가 설립한 학교에서 기능사 자격을 취득한 다음 마이스터를 양성하는 전문학교에 다니는 게 어떻겠냐고 물으셨다. 제본 기술의 본고장에서 후계자인 아들을 공부시키려는 의도였던 것이다.

"말만 들어서는 상상이 안 됐지만 결국 그쪽에서 제본 공부를 하라는 거였죠. 전 뭘 만드는 걸 좋아했기 때문에 대학에서 공부하는 것보다는 독일에 가는 쪽이 더 매력적으로 느껴지더라고요. 사실 공부하는 걸 싫어했거든요."

그는 "지금 와서 생각해보면 일본에서 대학 다니는 게 훨씬 편했을지도 모릅니다"라며 웃었다. 그렇게 그는 아버지의 제안을 듣고 별로 깊이 생각하지도 않고 "독일에 갈래요" 하고 대답했던 것이다.

나라는 달라도 책을 만드는 일은 같다

독일의 뒤셀도르프에서 철도로 약 두 시간 정도 가면 서부 라인공업지대 한 모퉁이에 귀터슬로라는 도시가 있다. 침엽수림에 둘러싸인 인구 10만이 조금 안 되는 공업 도시다. 이 도시에는 베르텔스만이라는 세계적으로 유명한 종합미디어 기업이 있다. 1835년 창업한 베르텔스만은 제2차 세계대전 이후 서적 회원제 통신판매인 '베르텔스만 독서클럽'을 창설해 사업을 크게 성공시키면서 유명해졌고, 1950년대에는 음악 사업에도 진출했다. 인쇄부터 출판, 음악, 영화, 근래에는 텔레비전과 인터넷에도 관여하고 있는 유럽 최대 미디어 기업이다.

아오키 씨는 1972년 뒤셀도르프 근교에 있는 소도시에서 반년 동안 독일어를 배운 후 스무 살이 되던 해 제본 기능사인 게젤레(Geseller)를 양성하는 베르텔스만의 전문학교에 입학했다. 그가 목표로 하는 마이스터는 독일에서 최고의 기능사에 해당되는 국가자격사다. 게젤레는 마이스터 한 단계 아래에 해당하는데 마이스터는 이 게젤레를 양성하는 자격도 얻는다.

독일의 교육제도는 여섯 살부터 4년간 초등교육을 한 후 직업

교육과 대학 진학을 목표로 하는 고등교육으로 진로가 나뉜다. 따라서 아오키 씨가 입학한 전문학교에는 5년 내지 6년간 직업 교육을 받은 학생들이 모여 있었다. 스무 살인 그가 열대여섯 살 학생들과 섞여서 제본 기능사 기술을 배웠던 것이다.

 "외국인은 나 혼자였고 베르텔스만에서 게젤레를 한 일본인은 그 이전에도 이후에도 없지 않았을까 생각됩니다. 그러다 보니 동급생들이 신기해했지요. 그쪽에서는 중학생이라 해도 사회인 기능사니까 수업이 끝난 후에 술을 마시러 가곤 합니다. 술자리에서 일본에 대해 많이 묻더군요. 술집에서 알게 된 할아버지로부터 '다음번엔 우리끼리 마시자'라는 말도 들었어요. 하하하. 그들과 교류하면서 저는 제가 그들에게 받아들여졌다고 느꼈습니다. 나라는 달라도 책을 만든다는 공통점, 같은 목적을 공유하고 있었기 때문이겠죠."

 그가 본 베르텔스만은 모든 게 거대하고 화려했다. 24시간 가동되는 공장에서는 2,000명이나 되는 직원이 일을 했으며, 교대 시간이 되면 넓은 주차장에 쉴 새 없이 자동차가 드나들었다. 출판 관련 자재가 끊임없이 철도로 운반되어 오는 한편, 창고에서는 책이 트럭에 실려 출하되었다.

특히 그를 매료시킨 건 유럽의 폭넓은 출판 사업이었다. 베르텔스만에서는 한 권의 책이 영어, 독일어, 프랑스어, 이탈리아어, 스페인어로 동시에 인쇄되어 각 나라로 보내진다. 어느 날 공장 안에 있는 어떤 방에 들어가 보니 막대한 양의 활판인쇄용 활자가 언어별로 놓여 있고 납 자체의 묵직한 무게감을 느끼게 하려는 듯 열을 지어 있었다. 그 모습은 그에게 뭔가 말로 표현할 수 없는 감동을 불러일으켰다.

베르텔스만은 인쇄와 제본뿐 아니라 소설이나 백과사전 편집, 레코드 제작 등에도 관여하는 기업이기 때문에 회사에는 많은 생산직 노동자와 출판부문에서 일하는 편집자, 회사와 계약한 작가나 가수들이 뒤섞여 늘 생기가 넘쳐흘렀다. 자녀를 둔 독일인 부부 집에서 하숙하던 그는 매일 아침 이 활기찬 공장으로 등교했다(독일의 직업학교는 훈련 과정 동안 학생인 동시에 수습 직공이므로 학교에서 수업도 하고 기업에 가서 일도 한다. 그래서 '공장으로 등교한다'고 표현했다-옮긴이). 공장 한쪽에 세워진 학교는 거대한 공장 안에 있는 작은 인쇄제본공장 같았다.

"공장 내에 세워진 학교는 수습 직공용 작업장을 가지고 있어서 또 하나의 공장으로 가동되었습니다. 거기서는 일주일에 한두 번 정도 베르텔스만의 거대한 생산설비로는 채산에 맞지 않는 적은 수량의 서적을 생산했죠. 우리 학생들은 그 일을 하면서 제본 기술을 배웠습니다. 급료도 한 달에 40만 원 정도 받았고요.

교육과정은 처음에는 수작업으로 하는 제본을 배우고 나서 비교적 안전한 접지기를, 마지막에 삼면 재단기 사용법을 익힙니다. 기계는 대부분 오래된 반자동 기계였는데 그건 기기의 설정이나 조절 방법을 배울 수 있도록 하기 위해서였죠."

제본뿐만 아니라 활자 조판이나 종이 가공에 대해서도 대강의 설비가 갖추어져 있었다고 한다. 그런 설비를 자유롭게 사용하면서 '천으로 장정한 상제본을 만든다', '가죽으로 장정한 수제본을 만든다' 같은 과제를 소화해나갔던 것이다.

한번 익힌 기술은 절대 잊지 않는다

아오키 씨는 베르텔스만에서 하나하나의 과정을 배우는 동안 제본의 세계에 조금씩 빠져들었다고 한다.

"첫째는 기계를 능숙하게 다루는 재미, 그리고 자신의 이미지에 맞는 수제본을 어디까지 만들 수 있을까 하는 거였습니다. 헌책방에서 사 온 책을 뜯어서 그걸 나름대로 재구성하기도 했어요. 기본적인 디자인에 대해서도 공부할 필요가 있었고 하나하나 기술을 익혀가는 것이 정말로 재밌었죠."

그는 최근에 이와나미쇼텐에서 주문을 받아 만들었다는 다니가와 준타로(谷川俊太郎)의 시집을 손에 들고 "예를 들어 이 책은……" 하고 책등 부분을 손으로 쓰다듬었다. 한눈에 보기에도 아름다웠지만 그 아름다움의 핵심은 페이지 수가 적은 얇은 시집임에도 책등의 곡선을 살아 있게 만든 점이었다.

"원래 두께가 이렇게 얇으면 책등에 모가 나는 게 보통이고 책등의 곡선을 살리기가 상당히 어렵습니다. 그러나 이 책의 경우 담당 편집자가 '어떻게든 둥그스름한 느낌을 냈으면 좋겠다'라고 강력하게 요청해서 기계 매뉴얼을 처음부터 다시 살펴본 후 만들었지요. 기술은 한번 경험해보면 평생 제 것이 되기 때문에 어찌 됐든 시도해보는 스타일이거든요. 마지막까지 기계를 세세하게 조정하면서 잘 만들어보려는 이런 습성은 독일에서의 경험이 컸다고 할 수 있어요."

자신만을 위해서 제본하는 문화

그는 베르텔스만에서 4년 동안 수제본과 공업제본의 세계에 몰입해 있었다. 게젤레 자격을 얻은 후 다시 경영에 필요한 원가 계산이나 레코드재킷의 표면가공 기술을 익힌 후 뮌헨에 있는 마이스터 양성 학교로 갔다. 드넓은 교정에 자리한 그 학교는 종이에 관련된 종합대학 같은 분위기가 났다고 한다. 인쇄나 활판, 제본 학과가 각 건물에 나뉘어져 있는 그 학교에서 그는 2년간 제본 과정을 배웠다.

"일본의 경우를 생각하면 무엇 때문에 그렇게 많은 제본 마이스터가 필요한 걸까라고 생각하는 사람도 있을지 모릅니다. 그런 의미에서 지금도 굉장하다고 생각하는 건 유럽에서는 일부 고서점이 활판으로 조판한 판을 보유하고 정기적으로 극히 적은 부수를 인쇄해서 판본(아직 제본이 안 된 책)만을 파는 문화가 확립되어 있다는 거예요. 일본으로 치자면 나쓰메 소세키의 초판 때 조판을 그대로 파는 것과 같은 거죠.

고서점에서 괴테의 《파우스트》 판본을 사서 고액의 제본비를 들여 특별한 한 권을 만드는 겁니다. 문고본이 있는 한편 자신이 좋아하는 책을 자신이 좋아하는 형태의 가죽 장정으로 제작하는 장서가나 자산가들의 세계도 있는 거죠. 그 수요를 충족시킬 수 있는 장인이 지방의 작은 문구점 같은 데도 있었던 거예요. 그런 까닭에 마이스터를 취득한 장인은 공장의 수장이 되는 경우도 있고 혼자서 공방을 운영하는 경우도 있어요. 번화가에 마련된 작은 공장에서 대학으로부터 50권 단위로 가죽 장정을 주문받기도 하고, 기술이 있는 사람이라면 미술책 복원 일을 하기도 하지요."

아오키 씨가 독일 생활을 마치고 귀국한 것은 1978년 겨울이었다. 제본 기술을 배우는 데 매료된 그는 한때 파리의 전문학교에서 보다 수준 높은 미술 제본의 길로 나아가고 싶어 했다고 한다. 특히 고미술품으로서의 책을 복원하는 일은 매력적인 일이어서 종교나 건축 지식을 따로 배우기도 했던 것이다.

"하지만 역시나 아버지가 돌아오라고 하셔서요. 원래 회사를 이어받기 위해서 독일에 갔던 거고, 게다가 당시 회사는 문학 전집이 전성기를 맞아 모리 오가이(森鷗外) 전집을 2만 부, 3만 부 단위로 어마어마하게 재판을 찍던 시대였으니까요. 하지만 부모님도 한때는 '그 녀석 안 돌아오는 거 아닐까?' 하고 걱정하셨던 것 같아요. 독일에 미련이 남아 있었지만 어쩔 수 없이 일본으로 돌아온 거죠."

이것이 아오키 씨가 독일에서 보낸 7년 동안의 대략적인 이야기다. 이어서 그는 "귀국하고 나서는 독일에서 배운 걸 과시하지 않고 어쨌든 일본의 제본 방식을 배우려고 노력했습니다. 자랑하는 건 그러고 나서도 늦지 않다고 생각하면서요" 하고 말했다.

그리고 "이런 게 있더라고요" 하면서 조금 멋쩍은 듯 마이스터 양성학교 시절에 만들었다는 상제본 한 권을 보여주었다. 짙은 남색 표지의 작은 책이었는데 세월이 흘러 낡긴 했지만 복잡한 무늬가 배합되어 있는 아름다운 책이었다. 펼쳐 보니 독일어 판《어린 왕자》였다.

"클라스트파피어(남독일을 기원으로 하는 중세의 종이 염색기법과 그 기법으로 염색된 종이를 말한다-옮긴이)……. 유럽의 고전적인 종이 염색 기법을 말하는데 풀 염색이라 할 수 있죠. 청각채와 물감을 섞어서 종이에 바르는 건데 저는 고무도장으로 무늬를 하나하나 찍어봤어요. 놀이하는 기분으로 만든 책이긴 하지만 아직도 간직하고 있죠."

40년 가까운 세월이 흐른 지금 독일에서의 경험을 어제 일처럼 기억하면서 자신을 위해서 만든 세상에 단 한 권뿐인《어린 왕자》를 손에 들고 있는 아오키 씨를 보고 있자니 그 7년간의 세월이 지금도 그의 마음에서 보석같이 빛나고 있다는 게 전해졌다. 그리고 그 경험은 시대의 흐름 속에서 전성기의 활기가 사라진 제본소에서 그래도 질 높은 제본을 유지하기 위해 기계를 매만지고 기술혁신을 일으키려는 그의 활력의 근원이 되고 있음을 확신할 수 있었다.

"오랜 기간 축적된 기초 기술을 응용해 좀 전에 본 시집같이 얇은 책의 책등 곡선을 살리거나 보다 품위 있고 담백한 느낌의 책을 만들 수 있는 거죠. 우리 쪽에서도 편집자나 디자이너분들에게 그런 아이디어를 제안하면 좋을 테고요."

"그리고 말이죠." 그는 다시 말을 이어갔다. "전자책의 등장으로 책을 둘러싼 환경은 급변할 거예요. 하지만 전 그 속에서 '책'이라는 공업제품 그 자체의 가치는 더 높아질 거라고 확신합니다. 부분적으로 수작업 공정을 강화하고 독특한 뭔가를 더하기만 해도 책의 분위기는 확 바뀌기 때문이죠."

이어서 그는 "뭐, 직육면체 책이 가진 제한된 세계의 이야기지만 말이에요" 하고 여전히 온화한 미소를 띄우며 말했지만 뒤에

이어진 말은 뜻밖에 강한 어조였다.

"적은 부수라도 누군가에게 특별한 한 권, 그 사람에게 무엇과도 대신할 수 없는 소중한 한 권을 만들려고 할 때 제본 기술이 잊혀진다면 책을 둘러싼 소중한 세계는 사라져버릴 겁니다. 거기에는 아직 심오하고 우리 마음에 호소하는 뭔가가 있다고 저는 믿고 싶습니다."

이 책은 치쿠마쇼보의 PR지 〈치쿠마〉에 연재한 것들을 모은 것이다. 2년 정도 연재하는 동안 한 달에 한 번 책을 만드는 일과 관련된 사람들을 찾아가 그들이 하는 일에 대한 자세나 생각 등을 들었다. 그 2년간을 돌이켜보면 그곳에서 들은 솔직한 말 한마디 한마디가 내 안에 아직 묵직하게 남아있다.

작가인 가도노 에이코 씨로부터는 이야기를 읽고 쓰는 일에 대한 본질을, 터틀모리 에이전시의 다마오키 마나미 씨에게는 번역서 세계의 심오함을, 북디자이너인 구사카 준이치 씨에게는 "책은 아름다워야 한다"라고 하는 철학을 배웠다. 그리고 교열자의 긍지를 느끼게 해준 야히코 다카히고 씨와 서체의 역할을 음성에 비유해서 설명해준 다이닛폰인쇄의 이토 마사키 씨, 활판인쇄의 세계를 계속해서 남기고 싶다는 다니야마 죠스케 씨, 미쓰비시제지의 서적 용지 개발자들까지 그들이 공통으로 가지고 있는 것은 일과 철저하게 마주하려는 프로다운 자세였다. 그

것이 비록 잊혀지고 있는 세계일지라도 그들은 스스로가 안고 있는 소중한 세계에 깊은 생각을 더하여 새로운 세계를 열려고 노력하는 사람들이다.

거기에 덧붙여 떠오르는 건 만들기라는 풍요로운 세계였다. 그들에게 들은 말을 떠올리면 쓰는 일을 통해 책 만드는 일에 관련된 한 사람으로서 나 자신의 역할을 결코 소홀히 해서는 안 되겠다는 생각이 강하게 들었다. 한 권의 책 뒤에는 이렇게 많은 사람들의 깊은 생각과 뜨거운 마음이 있기 때문이다. 그러므로 내 역할에 대해 지금까지 생각하던 것 이상으로 진지하게 마주하지 않으면 안 된다는 생각을 품게 되었다.

나는 '책'이라는 형태를 좋아한다. 한 권의 소설이나 논픽션 작품이 손에 들어오면 이야기의 세계에 빠져들어 정신없이 읽어나간다. 시간이 흘러 살며시 책을 내려놓고 긴 숨을 내쉬는 순간, 나는 행복하다. 책과 마주하는 그런 시간이 삶을 지탱해주고 있다고 느낀 순간도 있었다. 가슴에 품어온 독서의 기쁨은 책 만드는 수많은 사람들의 정성을 통해 만들어지는 것이다. 그것을 알게 된 지금 내 속에서 책을 대하는 애착이 더 커졌음을 느낀다.

이 책의 취재와 집필에 많은 분들의 도움을 받았다. 취재에 협조해주신 분들에게 우선 감사의 인사를 드리고 싶다. 〈치쿠마〉에 연재 중이던 2015년 4월 쇼가쿠샤의 아오키 에이이치 씨가 돌아가셨다. 독일에서 제본 기술을 배우고 제본 마이스터 자격을 취득한 그와의 만남은 이 책의 취재와 집필 과정에 있어 대단히 소중했다. 아오키 씨는 책상 위에 그의 이야기가 실린 〈치쿠마〉를 소중히 놓아두었다고 한다. 마이스터라고 불리며 많은 이들에게 존경과 사랑을 받은 그에게 다시 한번 경의를 표한다.

마지막으로 디자인을 해주신 나쿠이 나오코(名久井直子) 씨, 일러스트레이터인 노리타케(Noritake) 씨, 연재부터 단행본까지 담당해준 치쿠마쇼보의 하시모토 요스케(橋本陽介) 씨에게도 감사 인사를 드린다.

2017년 1월 이나이즈미 렌

* 이 책은 PR 잡지 〈치쿠마〉 2014년 9월호부터 2016년 4월호까지의 개재분에 가필과 수정을 더한 것이다.

"요코하마는 언덕길이 많아서 싫다니까."

잘 웃는 사토가 웬일로 투덜거렸다. 나지막한 오르막길을 걸어 가나가와 근대문학관에 도착했다. 아담한 공간에 가나가와현 문인들의 작품과 육필원고, 사진 등이 빼곡하게 전시되어 있어서 올 때마다 시간 가는 줄 모르고 구경하는 곳이다. 때마침《마녀 배달부 키키》시리즈로 국내에도 잘 알려진 가도노 에이코 작가의 특별전이 열리고 있었다. 그녀가 브라질에서 생활할 때의 사진과 습작 원고, 많은 작품의 초간본과 삽화, 엽서 등 볼거리가 많았다.

사토는 여전히 우울해했다. 그러고는 문학관 1층에 있는 찻집에서 불쑥 털어놓았다. 몇 년을 벼르던 책을 정리하기로 했다고. 책의 무게로 집 2층 바닥이 내려앉을 지경인 건 오래전부터 알고 있는 사실이다. 나흘 후 헌책방 직원들이 와서 트럭 두 대로 책을 실어가기로 했다고 한다. 남겨둘 책을 골라야 하는데 어떤 걸 골라야 할지 한없이 심란해서 남김없이 떠나보내기로 했단다. 2층을 모두 치우고 피아노를 들일 거야, 우리 고양이 치비는 그렇게 넓은 집은 처음일 테니 마음껏 뛰어다니겠지, 남 얘기하듯 눈빛이 아련했다.

책의 거리 진보초에서 전철을 내렸다. 2년 전에 문을 연 한국 북카페 CHEKCCORI로 들어갔다. 한국 문학 번역본이 가지런히 꽂혀 있는 책장을 보던 사토의 눈길이 멈췄다. 사토의 눈길을 따라가니 표지에 파란 바람개비가 그려진 《두근두근 나의 인생》이 보였다. 들어올 때부터 왠지 그 책이 눈에 들어왔다고 한다. 위로도 할 겸 사주겠다는 말에 사토는 "아니, 지금은 아무 책도 집에 들일 수 없어. 마음이 정리되고 나서 살래" 한다. 이거야 원, 딱 실연당한 모양새였다. "당분간 여자 생각 안 할래", "남자 필요 없어. 이제부턴 일만 할 거야"와 다를 바가 없었다. 책 한 권을 사 들고 CHEKCCORI를 나와서 사토와 헤어졌다. 구부정한 뒷모습에다 대고 다시 손을 흔들었다.

《이렇게 책으로 살고 있습니다》가 나왔다. 사토처럼 책에 무한한 애정을 가진 사람들의 이야기다.

활자, 교열, 제지, 인쇄, 장정……. 각 분야 전문가들의 이야기를 통해 한 권의 책이 만들어질 때까지의 방대한 여정을 들여다

보는 책이다. 책에 대한 고집과 애정이 넘치는 수많은 장인들을
만날 수 있었다. 당연하다고 여겼던 책의 이면의 노고를 떠올렸
다. 그리고 책을 읽는 많은 사람들을 생각했다. 책 만드는 사람들
이 정성을 다해 내놓는 책 한 권 한 권마다, 깊은 애정을 가지고
책장을 펼치는 독자가 있어 준다면 이런 선순환은 다시 없을 것
이다.

간절한 마음으로 쓰는 작가,

혼을 담아 책을 만드는 사람들,

애정으로 어루만지는 독자,

이 세 개의 톱니바퀴가 우둑우둑 소리를 내며 아귀를 맞추다
가 이윽고 맞물려 돌아가기 시작하면 거칠 것 없이 내달리는 책
세상을 그린다.

책을 만드는 사람들.

한 권 한 권의 책을 아껴가며 보듬는 많은 이들의 손끝에 이
책이 가 닿기를 바란다.

최미혜

독서의 기쁨도
책 만드는 수많은 사람들의
정성을 통해 만들어지는 것이다.

이렇게
책으로
살고 있습니다

초판 1쇄 인쇄 2018년 1월 22일
초판 1쇄 발행 2018년 1월 29일

지은이 이나이즈미 렌
옮긴이 최미혜
펴낸이 이범상
펴낸곳 (주)비전비엔피·애플북스

기획 편집 이경원 심은정 유지현 김승희 조은아 김다혜 배윤주
디자인 이은주 조은아 임지선
마케팅 한상철 금슬기
전자책 김성화 김희정 김재희
관리 이성호 이다정

주소 우)04034 서울특별시 마포구 잔다리로7길 12 (서교동)
전화 02)338-2411 | **팩스** 02)338-2413
홈페이지 www.visionbp.co.kr
이메일 visioncorea@naver.com
원고투고 editor@visionbp.co.kr

등록번호 제313-2007-000012호

ISBN 979-11-86639-68-9 03330

「이 도서의 국립중앙도서관 출판시도서목록(CIP)은 서지정보유통지원시스템 홈페이지(http://seoji.nl.go.kr)와
국가자료공동목록시스템(http://www.nl.go.kr/kolisnet)에서 이용하실 수 있습니다.(CIP제어번호: CIP2018001267)」